入流亡所

聽一聽·悟、修、證《楞嚴經》

入真理之流，才忘對境

頂峰無無禪師——著
天真法師、玄玄法師——譯

目次

第二部　修：又被騙了！到底如何修行？

第三部 證：我是微笑，讓你自由

分享推薦：壹

莫大的福報

◎王慧芝（純真商行自由人）

二○一四年底，與無無禪師的結緣，是我人生大轉彎的開始！

那年十一月，受友人曉慧之託，為首次來台的韓國禪師及香港法師安排兩天在花蓮的行程。雖然對客人完全不認識，但我們著實認真地進行了場勘與規畫。師父來了，不管住宿、用餐、自然景觀或寺院的參訪都算是順利。而我們也從師父自然自在又謙和地與人互動之間（**包括在小地方為他人著想的體貼**），感受到師父很大的慈悲！

就在那次行程，禪師即將返韓前的最後幾天，他希望我和另位朋友莎到台北烏來小聚，並告訴我至少要安排住兩個晚上。於是，在一周緊湊的工作下班後，我們搭了火車從花蓮北上，曉慧貼心地請朋友接我們上山，抵達烏來山屋已是晚間十點半。師父開了門，看了看我和莎，跟我們說：「今天這裡客滿了，睡不下！我已幫你們訂好了街上的溫泉旅店，你們今晚就睡那裡吧！泡個溫泉，好好地休息。明天睡到自然醒，好好享用早餐後，再上來見我！如果我看到你們臉上還有倦容，就把你們趕下去！」

我和莎不可置信地瞪大了眼睛看著彼此，怎麼會有這樣的師父！沒叫我趕緊把握時間精進，卻要我去泡溫泉，睡到自然醒！當時的我，總是將身體交由頭腦使喚，儘管身體疲累，但頭腦說：「應該去！應該要做！應該和他們在一起！」如果不那麼做，似乎會對不起很多人，很不應該，內心充滿罪惡！所以當禪師要我好好休息時，我突然覺得身上的重擔可以放下，可以先自由放鬆地呼吸！感到好大的安慰！

隔天，我們真的睡好身暖吃飽飽了，才好整以暇地上山屋去！接下來的兩天，師父只是安慰我：「你辛苦了！修行不需要刻意的努力！要知道每一個人本來就是佛，只是睡著了，一直在做著眾生的夢，要醒過來、記起來，我們本自俱足廣大無邊的空性，當你回到空性，自然而然地會散發無拘形式的慈悲與愛，即便什麼都不做，只是坐著、只是呼吸，也能利益一切眾生！」

對我而言，這不是容易理解的事，「空性」是什麼？很難想像！遑論什麼都不做，就能利益眾生？我只知道，師父的能量頻率以及自在又純粹的眼睛與微笑，讓同處一室的我們，感覺好安定、好安心，彷彿被包覆在很大的愛與慈悲裡，而兩位隨行法師對人及對一切事物的尊重與平等對待，也讓人感到舒服自在！他們只是存在，即讓人起歡喜心、恭敬心，我想那也接近了禪師說的，「只是坐著、只是呼吸，也能利益一切眾生」吧！

因著那次的因緣，我們有機會在二〇一六年六月去到韓國智異山頂峰無無禪師的弘誓院，近半個月的時間與師父更近距離的學習與相處。在那裡，親見師父的力行環保，守護眾生！即便是一點點也不願意使用會傷害環境的化學製品；即便是一隻小小的螻蟻，也不願意對其造成有意或無心的傷害！師父的作息極其規律，每天固定的三次課誦、兩餐正食、出坡掃除與起居運動，其他時間則要種菜、醃製泡菜、整理開示文字、剪輯影片、翻譯及傳法等工作，大小事情一點都不馬虎！但每一件事他們都做得如此自然自在、專注且享受其中。他們各有各的起居空間，包括給我們獨立自用的生活空間，時間、空間自己安排。師父認為：「要如何生活與精進，是自發性的，自然而然地想為自己、為眾生精進，不需要由他人來監督或制衡。」我則感受到，保留每個人自主與隱私空間，是相當人性化且尊重的體貼，這是極大的信任，而這樣的信任，在適當的引導下，也會讓人逐漸長出自己的力量。

當時禪師要求我們，第一、二天可以是適應期，之後開始便要作息規律，參與課誦及用餐。同時，每天必須做功課，書寫「大肯定」，內容是每天的懺悔、感恩、發願與迴向！在當晚的晚課之後，逐條念給師父聽；從中，禪師根據我們的問題，給予對機的開示。聚在小小佛堂裡的每一個傍晚，如同將自己送進身心靈的洗鍊場，推進去、拉出來時，被習性制約的思維與框架，一層一層地剝落……，越來越輕盈，自在，生起自信！

從照顧身體，開心、快樂、自在，到每天規律用功、調整觀念，起懺、感恩、體會與眾生的一體、發願、迴向，更從生活細微處力行。我知道禪師認真地調教我們了！師父不僅要我們自由、解脫、快樂，更要我們認清自己的本來面目，回到覺性，在現世生活中學習普賢菩薩，廣修利行！

二〇一九年的五月，我聽聞禪師結束了韓國的道場，將弘誓院的招牌交給了虔誠的信徒，卻為了台灣及香港的信眾，讓天真法師及玄玄法師學習中文，將禪師的開示翻譯寫成中文書，我真是十二萬分地驚喜！尤其當翻開這本書，逐篇閱讀、逐篇接受新的教導與刺激，內心所受的震撼與感動更是難以言喻！

從「看一看」、「想一想」到「笑一笑」，從悟、修到證的階段，禪師一層一層地深入，一層一層幫我們剝掉假象與框架，希望幫助我們回到本自俱足、純然、空性，解脫生死的束縛，臻於開悟！但，開悟是什麼？有沒有開悟又如何？倘若開悟卻不能利益一切眾生，不能將法燈延續、傳遞下去，那麼開悟又有何益？當我看到禪師提到善知識是如此的心情，自己的心是感動卻也沉重。原來真正的大師們都是帶著這樣的心情與使命，畢其心力，要幫助眾生回到本自俱足的佛性！而我們又是如何地對待自己，與這樣殊勝的因緣？

禪師的開示，向來需要一而再地反覆咀嚼與體會！不管是否能實證體悟師父開示的境界，在讀這本書的過程，我已然得到很大的喜悅與法益。雖然沒有真正地深入經典，也無法談論什麼佛法，但緣遇無無禪師與天真、玄玄兩位法師，讓自己生命轉向自在快樂無拘形式的愛與慈悲，這是此生莫大的福報。我相信，我已走在正確的道路上，是微笑，是虛空，是光明和愛，是一切無礙、純粹、妙的存在！

分享推薦：貳

何其有幸

◎吳曉柔（無事文創商號創辦人、無事小妹）

初次見到無無禪師是我二十多歲的時候，那時一心只想著旅行，對於佛法的認識頂多平常念念《金剛經》，就認為自己是虔誠的佛教徒了。什麼人生的意義、修行、解脫、菩提心……，完全不在我的範疇裡。

通常大家遇見禪師總是會問一些人生大道理，然而當時的我居然問禪師：「我很想去旅行，為何始終沒有跨出那一步？」幸好禪師當時的回答不是佛言佛語，反而像是一位慈悲的長者，讓我有很大的勇氣去跨出那一步。正因為禪師如此的平易近人，當兩年旅行到了尾聲時，我立刻主動再回去見禪師。

睽違了兩年再次回到弘誓院，禪師一樣在深山裡的小屋修行著。每天晚上有一小時時間可以向禪師請法，而我總自以為是的認為已經走在夢想的路上了，什麼問題都沒有。當時我玩心依然很重，正盤算著見完禪師後要是待在寺院太無聊，隔天就要告辭計畫去韓國到處走走。

禪師果然就是禪師，他都知道我們的問題在哪，只是我們自己不明白。當晚禪師立刻出招問了我一個問題，我還來不及思考反應時，眼淚就像湧泉一樣地由心深處傾巢而出，當時難過得嚎啕大哭、不能自己。從那晚開始，內在的問題多得像是洋蔥一樣，一層一層地被扒開攤在眼前，也開啟了我在韓國被無無禪師棒喝的日子。沒錯！每天都有好多疑問，每天就被禪師用香板打著，每次被打前都想翻白眼然後傻笑說：「厚，又要被打了！」然而奇妙的是，對生命的疑惑就在這一問、一答、被打之間慢慢醞釀、慢慢發酵了。

當時很不明白為何禪師要打我，然而當時的對話卻是多年後在生活中咀嚼才慢慢明白。這才理解不是非得要去深山閉關才算修行，最簡單的方式就是在生活裡，但就因為太平常了，反而也是最不容易的。

回首來時路，看當時的自己有多麼無知，遇見禪師十年，突然覺得禪師很用心良苦，用了各種善巧方便，讓這樣一位貪玩的年輕人沒有排斥佛法，反而升起更大的信心。

何其有幸，我能在懵懂無知的年紀中遇見禪師，更幸運的是，禪師沒有放棄我這位愚鈍的弟子。

每每回想在韓國被無無禪師棒喝的日子，原以為禪師拿香板打人是他一慣的指導方式，然而幾年相處下來發現被打的居士倒沒有多少。多年後終於有機會親自問禪師：「您當時是不是在整我？」

禪師大笑而不語。

我們姐妹三人曾經試著不同人在不同天問禪師一樣的問題，卻發現禪師回答的都不一樣。

我還質問禪師，「您昨天不是這樣回答的啊！」

禪師說：「我現在回答的是你姐姐的問題。」

是啊！同一個問題，不同的人有不同的階段和不同的狀態，真理是相通的。

同樣一本書、同樣一個指導，在不同時間咀嚼都有不同的體會。

真心、真誠都不足以表達想推薦此書的心。

分享推薦：參

不可思議的因緣

◎吳曉慧（無事生活 Letterpress Tea House 主理人、無事大姐）

二〇〇二年剛結束了在歐洲十八個月的旅行，帶著滿滿的好奇心回台，強烈的想重新認識中華文化的精髓：茶道、琴道、花道與禪；但學習了幾年後，卻因尚不懂何謂是「禪」而再度上路尋師訪道去。我用六個星期的時間，在韓國各大寺院找碴（茶）踢館，在旅行尾聲，終於輾轉遇到當時仍默默無名在深山隱居的無無禪師。

記得一進到大殿時，禪師馬上跟我頂禮，這突如其來的舉動也嚇得我趕緊跟禪師頂禮，應該是禪師早就知道了我的傲慢心吧！竟然有個台灣來的女生敢揚言說自己比韓國出家眾還像修行人！頂禮完我一臉疑惑的問：「出家人跟初次來訪的居士頂禮是韓國的佛教傳統嗎？」翻譯法師說：「不是，只有他才這樣做，因為師父覺得每個人都是未來佛。」我內心想著：「這位禪師通過我的第一關了，雖然跟每位來訪的人頂禮是件很累人的事，但每個人都是未來佛聽起來蠻有道理的。」我一路暗自打分數，而禪師也不囉唆的開門見山的問我：「你來韓國做什麼？」我：「找開悟的人！」禪師：「見到開悟的人你如何知道他是不是真的開悟呢？」就這樣開啟了我們三天二夜的談話。

短短的幾天相處，我竟然在這輩子見過最小的寺院中感受到最嚴謹的戒律，卻也見到最快樂的人。聽起來很矛盾，卻是我當時的心情。離開前，禪師問我：「你覺得我是你要找的人嗎？」我：「我還不知道，因為我還沒開悟也無法有判斷力，但我會觀察您三年，所以我每年都會來喔！」爾後，我連續地每年都帶妹妹們去拜訪禪師，也帶了許多似懂非懂的開示回台慢慢沉澱，直到師父要進行三年的閉關。那一次我問了禪師：「為什麼你要閉關三年，你閉關在裡面都做些什麼？」禪師說：「跟在外面一樣。」我：「如果都一樣，待外面就好了，為什麼要待在裡面？」禪師也幽默的回答：「如果沒有進去閉關，你會每天賴在我這不走！」

關於這個話題，現在想起來很慚愧，竟然還花了禪師很長的時間跟他辯論：「我們台灣佛教徒每天都很忙的，要忙募款、做環保、做慈善、聞聲救苦，不止救國內的，國外有難也要出去救災。而你卻什麼都沒做，就只是坐在裡面。」禪師說：「有一天你會理解，一個持戒修行的人就算什麼都沒做也是在利益世界。」

這個道理，我也是近幾年才稍為理解，我們總是頭上安頭，以為自己在做好事，卻從不知一切本自圓滿、本自俱足。拚命努力地修行作善事，卻從沒好好的停下來往內看自己的心；做了再多的好事只是徒增我相和我慢而已，離本心越來越遠。

三年前有因緣到禪師座下短期出家學習，師父給的香板不是在禪堂裡而是在生活中，每一步都不放過。有一次用餐時間，師父放了一首他很愛的小提琴曲要我聽，聽完後問我覺得如何，我說：「前面慢慢的、安靜優雅的旋律還不錯，後面的就太氣勢磅礴，太吵了！」才一說完禪師馬上就翻臉把我從廚房叫出去怒罵了一頓，大意就是我還想安住在無事的安靜狀態裡，真正的修行是別想只安住在無事，而是要到人間利益眾生！然後在當月就規定我，不管禪師問我什麼，我都只能乖乖回答：「我什麼都不懂，只知道要發菩提心利益眾生！」希望我把這樣的觀念烙印在心底。

上次跟我說「坐著什麼都沒做也能利益眾生」的禪師，這次反而是罵我「不能安住在無事而忘了利益眾生」。法無定法，禪師總是應材應機而教，沒有標準答案。

回想起十一年前那個揹著古琴茶具，帶著身上僅有的五千元台幣，在深山尋師的女孩，延續著各種不可思議的因緣，原來這些都是早已寫好的腳本，沒有巧合，一切早已註定——而現在有緣閱讀此書的您也是！願我們都能在這已定的腳本，早日遇見本自清淨圓滿的本性，繼續做個快樂幸福而利益他人的好夢。

翻譯序

聆聽智者之言

◎天真法師

師父常常跟我們說，台灣人如此善良，而且具備很方便吃素的環境，很適合聽聞佛法，進而獲得解脫。所以雖然我們學中文不到兩年的時間，卻下定決心要把師父的韓文開示趕快翻譯成中文，因為我們都相信，透過師父的開示，讀者們就會很容易地建立正見而修行。如同在《心經》裡提到的「遠離顛倒夢想」，也是當我們聆聽智者之言後，才能認出來什麼是顛倒。例如，當我們抬頭遙看天空的一顆明星時，是星星的光芒傳送到你的眼睛？還是，你的心到達這麼遠的那顆星上而看到它呢？當你倒立時，是地球支撐著你？還是你支撐著地球呢？到底哪一個是顛倒呢？

本書裡所有的開示，都是師父於二〇一四年圓滿了三年閉關迄今，在韓國或台灣的對眾開示。我們根據佛陀所說的《楞嚴經》，把內容分成「悟、修、證」三個部分。第一，在「悟」的部分，師父談到我們的本性；如果你聽師父的話而能夠深思，才能很容易地打破方才提到的顛倒夢想，而建立正見。第二部分是「修」，師父談到修行；其實他以前最常被問的就是「您教什麼修行法門呢？」不過實際上，修行的核心不在於選擇什麼方便法。如果你閱讀下去，會發現是「如何修行」才對。第三，關於「證」的部分，是談到菩薩行；我們都希望你讀完整本書、闔上它時，原本佛經裡你還似懂非懂的內容，都能活躍起來，運用到你身上，進而讓你過得幸福美滿、自由自在。

在此，我們想特別跟您分享一小段師父說過的話作為結尾——

當我開悟時，才發現整個存在都向我微笑著。寂滅的微笑在我的面前展現了！我敢說微笑就是開悟。我明白，這個世界，其實是很難微笑的世界。不過在鏡子前面，試試做一個笑臉吧！或許你有可能感到這樣的微笑太勉強。可是透過你安靜的微笑，你才能覺知佛教裡提到的微細識。你應當看到整個存在正在微笑著。諸法從本來，常自寂滅相！這常自寂滅相，透過微笑才會顯現在我們的面前。笑一笑吧！微笑會為你的開悟作證！

作者序

你是微笑的存在

◎無無禪師

其實很難打破自己的框架，
其實很難改變自己的習慣，
其實很難點燃自己的心燈，

不過，

如果你能諦聽智者，
如果你能聆聽自己，
如果你能傾聽生命，

並不會那麼難。

聽一聽師父的話，
為了永恆的幸福。

看一看你的內心，
為了永恆的自由。

想一想別的生命，
為了一切的幸福。

因為，
你是虛空，
你是光明，

你是慈悲，
你是微笑。
你是本來如此地存在著。

第一部

悟：面對不存在的自己

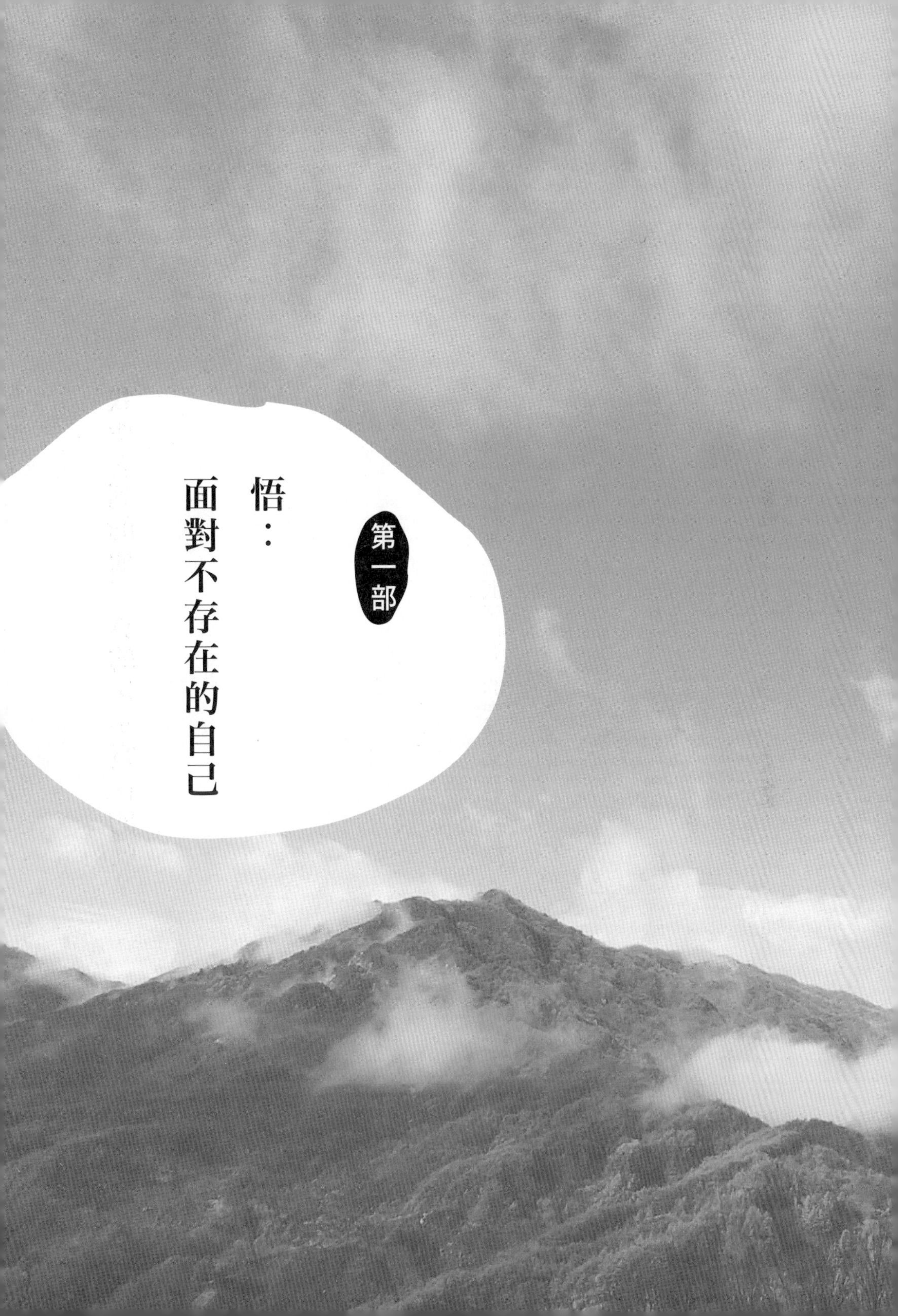

我所看到的樹，真的是不實在的嗎？

有一對對佛法很有信心的夫婦來訪弘誓院，他們問師父：「佛經裡講『心外無一物』，我想請教您，心外真的沒有一物嗎？」

師父說：「你們應該深思。說真的，在心之外什麼都沒有，所有的存在都在心內，所有的存在完全地存在於我的心內，你應當百分之百地了解這個意思。」

太太居士再問師父：「雖然您說我該把所看到的樹當成不存在，可是樹怎麼可能不存在呢？」

我們一輩子都在顛倒夢想裡，看到的只是假象而已。

師父繼續解惑：「有！但那些樹不像你所看到的那樣存在著。你所看到的並不是實相。這只是按照你意識的階段、業報、概念所看到而已，絕不是實相，只是假象。」

先生居士也再問：「這是因緣緣起的意思嗎？」

師父回答他說：「由於因緣緣起，雖然看到的是同樣的東西，每個存在所看到的也不會一樣，但是站在實相的立場來說，這些所看到的都不存在。雖然你只能看到假象，但你能明白地覺知它只是假象而已。譬如有人戴著紅色的眼鏡看天空，他會看到紅色的天空。但是就算他看到紅色的天空，他也能了解是因為自己戴著紅色的眼鏡，所以會看到紅色。他已經知道天空原來是藍色的，所以他不會認定紅色的天空是實相。就像這樣，你們也能了解所看到的東西不是實相。其實我們都『戴著業報的眼鏡』在看！這兩個眼球就是業報的眼鏡啊！我們人類都戴著共業的眼鏡，因此當看到這杯子時，會有差不多的認知形象。不過天堂的人看到這個杯子時，他看到的不是物質性的杯子，而是一種光芒。那麼真正的實相是什麼呢？是物質性的杯子，還是光芒呢？答案是什麼呢？沒有這個答案！所以，佛陀講到空性。顛倒夢想！由於我們的業報只看得到現象界，而且我們都把現象界當成真的。實際上我們一輩子都在顛倒夢想裡，看到的只是假象而已。」

當太太居士聽完師父所說的之後，看起來還是很難接受師父的開示，便再追問：「師父，當我生氣或難過時，一陣子以後我才可能轉念，承認我的迷惑。您卻說『我看到』的這件事也是一件迷惑。但這件事怎麼可能是迷惑呢？我明明就有看到！」

針對她坦白的反應，師父這樣回答。

「假設有人十幾年來一直戴著紅色的眼鏡，卻忘了自己戴著眼鏡；突然，別人跟他說『今天天空好藍喔！』他一定會說『你有病啊！這天空怎麼可能是藍色呢？』你會怎麼看他？你剛剛說的就像他的話一樣，很愚蠢的。現在可以理解嗎？

「如果你相信佛陀所說的而繼續修行，雖然你一樣戴著眼鏡看到紅色的天空，但也能了解這天空原來並不是紅色。這是什麼意思呢？你能把現象界當成如夢一般，而不會被騙了。這並不意味著你該離開這現象界或該改變所看到的。雖然你還是看到紅色的天空，但你已能認出天空原來是藍色而不會被欺騙。那被欺騙的人會怎麼樣呢？當然繼續執著而貪愛啊！從實相來看，並沒有我的孩子或你的孩子、我的家人或你的家人的分別。因為你被欺騙了，所以你放不下對家人的執著；放不下的人就像固執天空是紅色的人一樣！所有的問題都在於執著。由於執著，我們受苦。如果你真正地了解，這現象界如夢一般的話，一定能得到自由。

「總之，實相跟假象的差別在哪裡呢？取決於你自己能否知道。當你了解而不再被欺騙時，假象會轉成實相。雖然現在你看到紅色天空或者用這杯子喝茶，但千萬不要把所看到的看成是固定的實相，也請不要試著找到另外一個實相。因為我們正在做一百年的夢，往生之前會繼續做這輩子的夢，無法拿掉這業報的眼鏡。從夢醒來的唯一方法就是脫離顛倒的迷惑。脫離迷惑以後呢？你會認識到這只是夢，就會享受這一場夢，因為對從夢裡醒過來的你來說，夢也就是實相。」

閻羅王捉不到的地方

法會上有位菩薩問師父，「死亡的時候，會不會痛苦？」師父說：「死亡不存在啊！」聽完師父的回答後，全場哄堂大笑，師父就繼續開示了。

「死亡是什麼？你們都誤以為身體的消滅就是死亡，但是真正的死亡是自我意識的消滅，所以在開悟之前，因為自我意識還沒有消滅，無法脫離輪迴，也不會真正地死亡。當我跟你們說死亡不存在時，我好像在當壞人，因為你們都無法接受而且看起來很鬱悶。不過老實說，我比你們更鬱悶啊！因

看到真正的本性後，所有的執著就會消失。

為當我說不存在時，一般人都會覺得『你是不是瘋了！』

「你們想想看！發射火箭時，我們會看到火箭下面的部分一個個解體分離而陸續被拋棄，最後只有最核心的部分會飛向太空。我們死亡的過程也是這樣。當我們死亡時，地水火風就像火箭的解體分離過程一樣，也會一個個解體。如果我們能看到臨終時四大解體的過程，你就會了解我們不會死亡，但問題在於我們無法看到，所以會誤以為我們都會死亡。

「你們聽了我說的話，當下能不能夠了解『身體不是我』呢？唯有你們有這樣的覺知時，才可能走向真理。但如果一直執著『身體是我』，就無法脫離輪迴的痛苦。老實說，我們透過知識，是很難瞭解真理的，所以我們需要先有大信心。當我說死亡不存在時，就相信且堅持不存在的思維吧！這樣的思維會讓你們看到『不會死亡的自己』。當你們看到真正的本性後，所有的執著就會消失；因為看到自己空空的本性之前，無法丟掉執著。當你看到了自己時，你不會問我：『死亡時，會不會痛苦？』因為你已經知道死亡本身並不存在。對『我』的執著讓你無法脫離生死，只有我執消滅時，你們才能夠解脫。

「因為這個『我執』，所有的魔會跟著你；當沒有我執時，魔王找不到你，閻羅王也找不到你。他們無法找到無心的人，他們只會找到有妄識的人。一般的人臨終時帶著自己的執著，捨不得貪愛的一切；當呼吸停止時，你的意識開始收拾行李，把生前沒做到的東西或捨不得的東西都放在行李箱帶出門。那麼，誰會在門口等你呢？牛頭馬面會等著帶你去見閻羅王！然後呢？很簡單！閻羅王會檢查你自己帶的行李而下判決。但是死亡時如果你放下所有的執著，什麼行李也沒帶就出門，誰都捉不到你，因為沒有判決的根據！所以你死去時，應當處在閻羅王也捉不到的地方。閻羅王捉不到的地方在哪裡呢？就是沒有自我意識的地方，是自覺的虛空。」

真正的自己是誰呢？

由於對自己有錯覺的認識，所以我們都無法擺脫生死的苦海。

「其實你並不是這具身體，但你誤認為身體就是我。譬如，你買了夢寐以求的新車，太愛它，愛到只看著它就很開心。有一天，你一邊喝咖啡、一邊從窗戶看著停在外面的愛車而發出幸福的微笑時，突然發現有一個孩子，經過車子時故意刮它一刀——那一刻，你就像自己的身體直接被刮一樣的心痛。這就是我們錯覺的認識。

「你也許會說：『我的就是我的，有什麼問題嗎？』但如果你能多深思一點，就會發現這身體不是你。因為你的意識一點也沒踏出過這種錯覺，所以你完全無法思維身體以外的東西。只有當你放下所有錯覺的認識時，本來的面目才會顯現。那本來的面目有沒有形象呢？你從來沒想過形象以外的你吧！所以你該深思，『真正的自己，除了身體以外，存在還是不存在？』以及『離開了身體，有我？還是沒有我？』

「當你能放下所有對自己錯覺的認識時，真正的你是什麼樣子呢？你投胎的過程當中，你的意識剛進入母親的肚子裡時，那一刻的你可以說只是一點光芒的意識。如果那時有人問你：『你是誰？』，你會回答：『我是光芒啊！』對投胎以前的你來說，你沒有什麼物質的形象，你絕對不會認識『身體是我』；然而在母親的肚子裡，從一個細胞開始，物質的形象漸漸形成以後，你就會誤認為身體才是你。

「那，投胎之前的靈魂是真正的自己嗎？這靈魂是被自己的業障蓋住的，因此投胎以前的意識也並非真正的你。如果真正的你沒有物質的形象，

如果那時有人問你：「你是誰？」你會回答：「我是光芒啊！」

而這靈魂也不是你的話，那投胎以後的你就更不用說了！佛教就是無我的教誨，只有當我們能覺察什麼是迷惑的我、假的我時，才會認識到真正的自己。」

當師父開示到這裡時，他沉默了一會兒，然後問一個孩子，「你是誰呢？被父母取名之前的你是誰？」她看起來很尷尬，傻笑著回答：「我不知道耶！」師父就笑一笑繼續講。

「你不知道你是誰，但你卻能說：『無法知道。』其實我們都是無法知道的存在，無法知道的東西就是我。因為我們是無法用形象顯現的存在，任何東西也無法規範這個存在。可是無法知道並不表示真的無法知道，反而保有無限的可能性，所以叫做『不可思議！』它永遠不會顯現，但到處有作用。總之，可說是『知道無法知道的！』」

如果是無我，那受報的是誰呢？

有位居士問師父：「師父，如果剎那、剎那都在變化，且沒有固定的實體是『我』，那受業報的到底是誰呢？」

師父說：「你說得對，其實受業報者是不存在的。但是你們都覺得『我』是存在的，也無法離開這樣的想法，無法脫離錯覺，因此受報的是無法離開迷惑的自我。本來，自我不存在，但這自我還沒從錯覺中擺脫，一直在受輪迴的苦。遠離顛倒夢想，究竟涅槃！當你遠遠地離開顛倒夢想時，就會得到究竟涅槃。所以我們該對『無我』深思，應當認識到『自我』是不存在的。

錯覺的我，會受到錯覺的業報，而一直迷失在錯覺的輪迴裡。這就像夢境一樣。在夢裡發生了許多的事情，但讓這些事情發生的人是不存在的。例如，在夢裡來來去去、打打殺殺、逃跑、被抓，但做這些行為的人實際上並不存在，只有在夢裡才存在。從夢中醒過來之前，我們會感受到夢境的痛苦，但有一天醒過來時才會發現夢境中的自己是不存在的。同樣的道理，我不存在，但你錯覺中的我是存在的。

「那如何能覺知我不存在呢？透過般若智慧，自我才會消失。般若智慧是什麼呢？如果你徹底觀察自己，你會發現『我不存在』。無我，指我不存在。我不存在，可是現在我明明正在講話，這又怎麼解釋？是不存在正在說話啊！你是不是覺得我這樣說很奇怪呢？不過請深思，讓沒道理的變得有道理。

「請這樣想想吧！不存在可以講話啊！有時我們在夢裡能覺知是夢境，卻繼續做夢。如果在夢裡能控制夢境的話，那在現實的生活裡所有問題也會消失，但首先應該認識到現實世界就像夢一樣。這句話其實是《金剛經》的核心。當把現象界看成夢一樣時，才能從夢中醒過來。無我的意思是空而無礙的我，沒被任何事情阻礙的我。當你這樣認識到自己時，就是完整的認識，如同虛空一樣的認識。對虛空來說，它不會有什麼問題。在虛空裡沒有任何地方可以貼上因果或業報的標籤。只要保有自我意識，你就會受報，不斷受輪迴的苦。所以觀察自己而認識到無我是如此重要。有些法師只講因果業報或輪迴，讓你們很害怕，但如果只是懺悔，怎麼可能脫離因果報應呢？你們想一想吧！如果你殺了一隻昆蟲，無論怎麼懺悔，這件事也是無法挽回，唯有當你讓牠再活起來時，才能脫離因果報應。

「最重要的修行是觀察自己，覺察現象界如夢一樣，覺知空空無礙的我，這才是真正的懺悔。從夢中醒來之前，該受報、受苦，所以脫離受報的唯一方法就是從夢中醒來，開悟。開悟的方法就是把自己看成空空無礙，把現象界看成夢一樣。當你這樣修行時，執著、恐怖會漸漸消失，會越來越自由。《金剛經》裡說，『一切有為法，如夢幻泡影，如露亦如電，應作如是觀。』其實修行真的很簡單，如果你知道核心而去思維核心，這迷惑的夢會開始瓦解。當夢瓦解，當你認識到空空無礙的我時，雖然擁有四大的身體，不用丟掉它也能自在地運用。

「譬如有一天你太累，看天上的月亮時，你突然看到兩個月亮。不過你已經知道月亮本來就只有一個，雖然看到兩個，但你絕對不會覺得有另外一個月亮出現了。就像這樣，如果學佛的人能覺知這現象界並不真實的話，你就不會被騙了。就好像你知道另外一個月亮是假的一樣，就算你看到現象界，你能理解現象界是假的。實相並不是我們所認識到的這樣，我們看到的現象界，只是按照各自意識的層次和業報所看到而已。如果你能把現象界當成夢

脫離受報的唯一方法就是從夢中醒來，開悟。

一樣來看，執著、貪愛和我相，就會轉成智慧的意識，而且不會被邪道騙了。

雖然有人再怎麼跟你講神通，你也不會被騙了。

「如果神通是真正的佛法的話，為什麼釋迦牟尼佛往生時跟一般人一樣躺著涅槃了呢？他也可以在虛空中放大光明讓許多人看到神通，但為什麼沒這樣做呢？佛陀只是展示跟人間一樣的樣子而讓我們理解真正的佛法。真正的佛法就是正確地看到。當你把現象界當成夢一樣而不被騙時，就算擁有這個軀殼，你也能享受自由，而過得無礙。《金剛經》裡佛陀講：『如夢幻泡影，應作如是觀！』你們也觀照如夢一般的自己吧！請好好觀察空洞洞無礙的自己吧！」

師父，什麼是般若智慧？

有位居士問師父：「什麼是般若智慧？」

師父說，「般若智慧是所有真理的智慧，特別是指空性的智慧。了解所有的存在是完美地以空性存在著。」

居士再問：「透過修行可以體驗空性嗎？」

師父如此回答：「不要試著修行，請當下就看見空的自己吧！《心經》裡『觀自在』的『觀』，到底觀什麼呢？是內觀當下空空無礙的自己！當下馬上就看吧！請不要認為自己是擁有這個形象和重量的人。當觀看自己時，只要覺知空空的你。無論你做任何事，也請記得是這個『空空的』你在做。你們都聽過空手來、空手去嗎？假設有人非常努力工作賺了很多錢，但突然被騙走了所有的財產，那時候，如果他安慰自己說：『沒什麼大不了！當我出生時，什麼都沒帶著。人生本來就空手來、空手去啊！』他就算是一位有智慧的人。

「當修行者能覺知到色、受、想、行、識都是空性的，就像『無』一樣時，就可以說他有了般若智慧。如果你能覺得『雖然我被撞到，或被傷害也沒關係啊！因為我本來就是空空無礙的存在著。』，這樣的想法也會讓你超越死亡。當我們生病而難受時，如果也能覺知空空無礙的自己，般若智慧的芽就會增長。當我們跟別人起衝突時，也能覺得『我是空而無礙的，沒有什麼可以衝突！』，那麼所有的問題就會漸漸消失。

「當空性的智慧越來越增長時，在生活上和修行上，所有的問題都會漸漸消失，衝突的事情也會減少，最後變得沒什麼好擔心的。對這樣的人來說，他臨終時也一定會沒問題。你看過虛空死亡了嗎？空洞洞的虛空怎麼會死亡

請當下就看見空空的自己吧！

呢？所有的問題都一定會消失，無有問題的智慧就是般若智慧，了解嗎？

「但如果只用頭腦戲論空性，是不會有什麼真正的變化。當你觀察自己而愈認識到自己的空性時，就愈能得到自由，所以我們應當好好觀察自己。那麼，要觀察什麼樣的自己呢？只觀察空空無礙的你。請不要觀察『有』，而是觀察『無』。

「透過觀察『無』，最後當你能徹底認識到空而無礙的自己時，你就是『法身佛』，你就是完全無有問題的存在。當你以『無有問題的存在者』來發大願時，你才能運用『報身』。當你運用報身來利益眾生時，才可以顯現『化身』。但不管哪個身，你的本性一直都是空而無礙。

「因為長久的習性和觀念，你總是誤以為自己是物質的存在。但這樣的認識都是迷惑的錯覺，實際上絕對不會那樣存在著。我們都誤以為這小小的身體才可以思考、思維而判斷，這是不對的！你應當覺得空空的空性才是可以思考、思維而判斷。這樣的轉念會讓你越來越自由自在，而所有問題和執著也會跟著消失。風不是空，而是幾乎和空一樣的存在。風不需要房間，而虛空需要房間嗎？那麼，我們為什麼如此執著房間、拚命賺錢、保持健康呢？因為我們都誤以為身體是我而要維護這個身體。不過當我們能覺知虛空身時，能覺知空而無礙的自己時，執著都會消失，因為所有的執著，都是由自我意識所引起的。

「為了永遠的自由與幸福，首先需要有這樣的般若智慧、文殊智慧、空性的智慧。我們應該觀察空而無礙的自己。你並不是四大五蘊的存在，你是無礙、無有問題的存在。那這樣無有問題的存在會做什麼事呢？當然會做普賢的菩薩行！當無有問題的人看到世間人時，會不會感到悲心呢？眾生都不知道自己已經是無有問題的存在，反倒一整天執著、辛苦、拚命拚死地活著，看到這個樣子，怎麼能不起悲心呢？悲心一定會自動地湧出來。所以，空性的智慧愈高，慈悲心也就愈大。」

親愛的寂寞人

有位菩薩，雖然很認真地修行，但其實內心還是走不出失戀的傷痛。所以，師父特別寫下了這首詩，對他開示——

請好好觀察無垢清淨光明的自己。
請好好觀察廣大無邊寬闊的自己。
完全地裝滿愛和慈悲，
請抓住這樣飽滿的心吧！

請只把身心看成真理的光明！
別被影子欺騙了，
別被創傷的錯覺騙了，
在只有光明莊嚴的世界裡，
請讓自己發光吧！
別被影子的光欺騙了，
別被光明的影子欺騙了，
祝你成為光明莊嚴的空性！
祝你看到光明莊嚴的世界！
已經具備自由跟幸福的你，
就只是看到、知道、享受這樣的你吧！

你還在難過而想要克服嗎？
放下這種愚蠢的心吧！

你的心已經是富有的，
請盡情的給予愛吧！
你已經擁有許多，
請放棄把手心向上乞討著愛吧！
請總是充滿了愛和慈悲，
就只是當個手心向下的人吧！
你已經充滿了真理，
請別成為一個貧窮的愛人者。
希望你永遠擁有飽滿的心。
你本來就是這樣偉大的存在著。
請讚歎自己如此偉大的存在著。
皈依不可思議的自性佛！

嗡—阿—吽—

天空的月亮，水面的月亮

有一回，師父跟大家說：「每天午課的最後，我都會祝福大家。「有一天我問自己，『當我祝福的時候，可以真實地利益每一個眾生嗎？』、『我可以實現大家的願望嗎？』、『一言之下，頓忘生死，豁然大悟，天下太平；佛日增輝、法輪轉，法輪常轉於無窮，國界恆安於萬歲。』這種祝福的內容是真的很棒！其實我在祝福的時候，我確定你們的願望已經實現了，我總是堅持這樣的見地。我站在真理的立場來祝福，我站在本性的立場來祝福，所以這種祝福的內容一點也沒有錯。

「我確定這不是將來會實現的事，而是已經實現了。只是現在每一個人都處在迷惑的狀態，自己不知道而已。我知道你們很虔誠地做早晚課，但是如果你是為了將來有一天實現願望而很努力地祈禱的話，這表示你根本還沒有了解佛法。實際上，所有的願望都已經是完美地實現了，一點也沒有不足的事。明白嗎？

「如果你覺得還沒有被加持的話，這也是不對的。錯不在佛陀，也不在佛菩薩，也不在我。在迷惑中的人老是想著要實現自己的願望，不過當你開悟了以後就會知道，一點也沒有不足的事，願望原來早就完美地實現了。若你覺得自己不足，這就是錯誤的想法。

「天空的月亮原來就是圓的，雖然我們看到的月亮有滿月、有上弦月、下弦月，但是月亮一直以來都是圓滿地圓著。因為太陽、地球和月亮三者之間的關係，我們只是看到月亮的變化而已。若你是真的了解真理，便不會說自己還有不足的地方，因為打從一開始我們本來就是圓滿的。

「可是若你能看到天空月亮的變化那還算好的，有的人甚至只能看到水中的月亮，而且還把水面上的月亮誤以為是真的。你們都把現象界誤以為是

不要認定任何的對境、任何的體驗，只要觀察你自己的心，就會看到你的本性。

真實的。你們只是看到水面上的月亮就想要實現願望，但是水面上的月亮是影子、是假的，怎麼可能實現呢？你的修行方向已經錯了！

「入流亡所！

「『亡所』是什麼意思呢？是所有的對境、現象界等一切萬法如水中月般都會亡、都是不真實的意思。所以千萬不要接受而認定現象界！你看現象界的時候，應該把它當成影子。但我這樣說，可能就會有人說：『如果我們把所有現象都看成影子，那活著就沒有意義了，要怎麼辦？』

「你們都要深思！為什麼會有影子存在呢？因為有實相，影子才會存在；沒有實相的話，影子也不會存在。由於實相，虛妄才可以存在。但是你把影子誤認為是真實的，這是你的問題。不過這並不是統統不存在的意思。如果你理解『亡所』是什麼，你馬上就會看到實相；看到實相就是『入流』。

「那麼如何能看到實相呢？其實，實相沒有形象、沒有顏色。如果你想要看到沒有形象、沒有顏色的實相，千萬不要認定任何東西，只要觀察自己諸相非相的心。但是當我要你觀察自心，就又會有人跟我說，『我看到了光芒！我有神通了！黃金佛來找我了！』這種的想像都是『亡所』，所以當你修行時，不要認定任何的境界！那麼，最後你才會認識到本自圓滿、本自俱足、無礙、完美、沒問題的你。聽得懂嗎？

「我們修行時需要有智慧。這樣本自俱足、本自圓滿的本性我們已經有了，只要看到本來完美、本來俱足的本性就好。看到自己的本性其實是非常容易的，但是你們都還沒有看到，為什麼呢？那是因為自己的過失，你自己把眼睛遮住了！我們的許多過失遮住了我們的本性，過去遮住了、現在也遮住著、未來還是會遮住。因為無知無明、因為執著就會看不到它。因此就算我教你們看到本性，你們仍然只看到水面的月亮，還誤以為水面的月亮是真實的、是真理的。所以我一向教你基本的修行。請先去五辛，吃素和持戒吧！然後請看一切的現象界就像水面上的月亮一樣吧！不要認定任何的對境、任何的體驗，只要觀察你自己的心，就會看到你的本性。到現在可以聽得懂嗎？你真正聽得懂嗎？若你真正聽得懂的話，我可以進一步的教你。如果你準備好而堅持實踐我所說的，那你就一定會看到本性！」

是誰在拘束小狗呢？

有位年輕菩薩養了一隻小狗，但她內心很擔心這隻愛犬年紀大了即將面臨死亡。她請教師父念誦什麼經典，才可以讓牠去好的地方，而跟牠永遠在一起。

「你是會死亡的存在還是不會死亡的存在呢？你存在還是不存在？你應該把《金剛經》用到小狗身上。所有形象都是不真實的，請不要被形象抓走。就像你戴著藍色的眼鏡，所看到的都是藍色一樣；我們都戴著業報的眼鏡，所以我們看到的是狗的形象。但是所看到的狗的形象並不是真實的，『凡所有相，皆是虛妄！』

「你把狗看成狗，這是你的錯誤。為什麼你只以狗的形象來看牠呢？因為每個存在都把牠看成狗，因此狗無法解脫。我們只是看到牠外面的形象而去拘束牠。因為我們無知無明的觀念，讓所有的存在被束縛而無法享受自由。每個存在都是已經自由的存在，是我們的觀念讓他們被束縛。

「舉例來說，如果我們都把某一個人看成壞蛋，他一定會變成壞蛋。其實他的本性和佛陀一模一樣，但是沒有人把他看成佛陀而是把他看成壞蛋，結果他只好成為壞蛋。因為我們的觀念而讓所有的存在被束縛，你的錯誤觀念在拘束狗的自由！你應當認識到牠的空性、完美的樣子。千萬不要被戴上

「主人！請見諸相非相吧！若你這樣看我，我就是如來耶！」

觀念的眼鏡後所看到的形象吸引了。如果你能認知到牠已經是完美的存在的話，牠一定會解脱。

「不要認為牠好可憐！你怎麼能夠判斷最慘的是你還是你的狗呢？你知道你的狗講什麼嗎？牠在説：『好可憐的主人！你怎麼這樣看我？為什麼你把我看成狗呢？』你應該把牠當成佛陀，從今以後應該把牠當成完整的存在。千萬不要以狗的形象來看牠。若你想要讓牠解脱、若你真的愛牠，你得看牠真正的樣子。為何你沒看到牠的真相，只看到牠外面的形象而感到心痛呢？

「首先請看到你自己的真相，不要被現象界抓走了！『若見諸相非相，即見如來』；若你把牠看成非狗，狗就成為如來。為什麼你會被現象界抓走呢？你的狗其實每天在跟你説，『主人！請見諸相非相吧！若你這樣看我，我就是如來耶！』可以嗎？從今天起請讓這四句偈成為你的咒語，每天、每秒，請不要忘記！那麼你和狗就能夠一起成佛了！

「遠離顛倒夢想，究竟涅槃！如果你能這樣看狗，當下就是究竟涅槃了！」

富有的心會讓你變得更富有

有一天，鄰居的一位菩薩寫懺悔文章來給師父看。

她在懺悔文裡這樣提到：「我以為自己是貪欲比較少的人，可是最近才發現我的內心，還是按照自己的標準去追求著某種程度上的錢財、健康或孩子的課業等等。其實我一直以來都帶著貪欲而活著，我前來懺悔。」

師父讀完她的懺悔文章以後開示如下。

「貪欲的問題不是你一個人的問題，而是每個人都這樣活著。可是若你要解決貪欲的問題，首先要認知到自己的本性原本就是圓滿俱足的。若我們深深地去探究我是誰，最後才會發現以假象存在著的所有一切都是『我的』。連一片塵、這飛過去的鳥都在『我』裡面。你應該銘記這點。當你能認知到這點，你的心就會變得富足、飽滿，當下你就是富有的人。就像你家倉庫裡所有的寶藏都是你的一樣，當你開悟時，就會發現整個宇宙都是你的，完全都是你的，內心一點也不會感到不足的。

「當你內心沒什麼不足時，什麼樣的奇蹟會發生呢？就像你打開倉庫門，什麼都可以拿出來隨便使用一樣，當你認識到圓滿俱足的本性時，你內心想要什麼東西，這東西就會備齊了。但若你認為『我現在如何的不足，等將來某些條件俱足時，才能做得到！』就永遠無法做到了，這樣的心只會讓你一生都貧窮。反之，當你清楚地認知到『所有一切都是我的，什麼都在我之內。』而保有這樣俱足的心時，俱足的事情才會發生。所以我們先要有圓滿俱足的心，這樣的心能讓你解決所有的問題。

「你先要清楚認知到自己已經是完美的存在。當你覺知到自己的完美時，就算不用怎麼努力賺錢，生活裡錢財的問題也都會消失了。事實上，當你想要抓取什麼時，反而什麼就會逃跑。相反的，當你保有富有、俱足的心時，你想什麼就能得到什麼。這樣富有的心就是讓你變富有的秘訣。若你能安住在這樣的俱足心，想做什麼都可以做得到。當你保持圓滿俱足的心時，假象的外界也會符合這樣的心，讓你變得富有。富有的心會讓你變得富有圓滿；貧窮的心會讓你變得貧窮。真理不在遙遠的地方，完全取決於你的心。」

當你內心沒什麼不足時，什麼樣的奇蹟會發生呢？

親愛的未來佛陀們

盛夏的某一日，一對就讀大學的兄妹和表妹同行一起來拜訪師父。

他們和師父分享短期出家的經驗，其中一位問了師父如下的問題。「我為了消滅雜念，嘗試聽佛教音樂等等的方法，可是都沒有用，只是讓雜念更複雜。怎樣可以消滅雜念呢？」

師父臉上露出微笑而答之如下。

「你們都聽得到知了、蟬鳴吧？可是我們無法讓蟬鳴停止。如果你討厭或太在乎它，一定會瘋掉。相反的，你只要不理它，讓知了一整天噪叫著也

你們都要立最偉大的志，應當發阿耨多羅三藐三菩提心！發無上正等正覺的心！

沒關係。當你是負面思考時，知了才會變成吵你的存在。所以你在面對妄想時，首先不要把妄想看成負面的東西。因為負面的看法也是一種關注，無論正面還是負面，關注都會給妄想灌以養分。

「如果你深深地觀察自心的話，你會發現你是如虛空一般的存在。對虛空來說，即使有幾億隻的知了噪叫著，一點也沒有問題。相反的，如果你覺得只有這物質的身體是我，那麼你會免不了衝突。你需要去思考『只有這四大的身體不是我，虛空性才是我。蟬鳴也是在廣大無邊的虛空裡面發生的事情。虛空包含所有的一切。』你們都學過數學的子集、空集、交集、並集嘛！請不要把自己看成只是子集吧！你就像並集一樣，包含個我、也包含一切。但是這並集也是空集，是如虛空一般空的存在。所以當你在思考時，請演算『空空的空性正在思考！』這樣的思維會帶來更多的覺知跟變化。對虛空來說，雜念就像雲一樣，一點也沒有問題；就像廣大無邊的虛空對待雲一樣，就不理它吧！由於妄想，你才夠苦悶而能成長。當你正確地思維時，這些妄想會變成生命的力量。所以請把妄想當成你的好朋友，不要嘗試消滅它！

「還有，你們現在的狀態都是由自己的決定所形成的。不管你喜不喜歡目前的位置，都從你自己選擇而來的，誰都無法替你選擇，所以你該負責自己的現況。這個世界是隨著自己的立志所形成的世界。那麼佛陀是怎麼樣呢？因為他堅定地立志成佛，才能成佛。在佛經裡說我們應當要發『阿耨多羅三藐三菩提心』，這意味著要立志成為最偉大的存在而利益無數的眾生。當你這樣立志時，一定會成佛。若你立志成為永遠幸福與自由的存在，便一定會實現的。那你們要如何立志呢？請不要立不怎麼樣的志吧！你們有可能想要成為總統或醫生或法官等等，可是這些目標只不過是這輩子的目標而已；而且不管你是總統或總經理，任誰都無法永遠地幸福。你們都要立最偉大的志，應當發阿耨多羅三藐三菩提心！發無上正等正覺的心！什麼都不需添加的最偉大的心！若你下定決心而發這樣最偉大的心，最後就一定會成佛的！」

明星的哭戲演得好，但內心一點也不動搖

一位居士為了修行，和家人一起搬到寺院的附近。以下是師父針對鄰居居士的開示。

「我們都像演員一樣。你呢，正在演一位先生，也是演一位爸爸啊！如果你把自己當成男主角的話，就不用捨棄這身體也能好好用它。佛陀的意思並不是要你捨棄這個軀殼，而是讓你不要執著身體。

「如果你不把這個身體誤以為是『我』，所有的問題就會消失，而能在這輩子演好這一齣戲。然而如果你忘記自己是在演戲，而誤以為一切是真實

如果你在這輩子的戲裡演得好，下輩子你會演更好的角色。

而執著於此的話，那就真的不行喔！因為一執著，痛苦就跟隨你而來。沒有執著，就沒有痛苦，了解嗎？你現在的形象就像帶著面具一樣！那你是誰呢？我們生生世世不斷地演不一樣的角色，如果你在這輩子的戲裡演得好，下輩子你會演更好的角色。

「相反的，若你因執著而演得不好，你一定會演更難過的角色。所以千萬不要把這輩子的角色當真，把這身體誤以為是真正的本性。如果你沒有這樣的迷惑，就不會執著，那你可以演得非常好。明星就算她哭戲演得好，事實上一點也不會傷心！她內心完全沒問題。所以《法性偈》裡提到『舊來不動名為佛』，這意味著，自古以來，不動叫做佛。現在了解不動心的意思了嗎？演員，她就算表面在哭泣，其實內心根本沒有動搖，只是演哭戲而已。她的內心就是不動心！因為她不認為這是真實的，她很清楚知道自己是在演戲。

「你也需要把角色扮演好！你該把先生的角色、爸爸的角色，盡力演得更好。如果你想要逃避現在的這些角色，卻試著扮演成修道人的角色，這表示你演得很糟糕啊！如果這輩子你演得不好，下輩子有可能會演個很傷腦筋的角色喔！最傷腦筋的角色是什麼呢？是無間地獄的角色！若你演得越來越不好，最後一定會演這種三惡道的角色！反之，最有名的明星會怎麼樣？他每次都演最帥的主角。那在三界裡最好最帥的角色是什麼呢？就是佛陀的角色！最後我們都該演佛陀這個角色！

「那如何能扮演佛陀的角色呢？當你看到了你的本性，你會看到無限的可能性，那時你才能演出最偉大的、無上正覺的角色！我們的本性本來包括無限的可能性！由於這無限性，哪裡都可以去，成為什麼都可以，所以也可能下地獄！沒有智慧的人最後就會演出下地獄的戲，有智慧的人最後就會扮演佛陀的角色。為了把這輩子的電視劇演得好，從今天起，請好好飾演『改變舊習慣而放下執著』的角色吧！如果你這輩子真的好好地表演，我會把你偷偷推薦給佛陀喔！」

扮演乞丐的國王

在這世間，就算你過得很幸福，但是世俗的幸福一定也會有結束的一天。如果你追求這種幸福，那就會是帶給你痛苦的原因，因為它不是永遠的。我曾提到的朴前總統和某位集團董事長，他們的老年生活都不怎麼樣，我們從有錢人身上可以看到，這世界上的幸福都不是永遠的。所以你們可以享受自己的幸福，但不要只滿足於這種有限的幸福。我們得要開悟！當你走向涅槃跟解脫時，才可以享受永遠的幸福。你應該要追求永恆！不要誤以為來世不存在。你們的生命都過了一半了，為了永遠的幸福，你們應該要轉往走向真理的方向。

在地球上永恆的物質是什麼呢？比如說鑽石和黃金。但是這些東西都屬於無知無明，而且總有一天也會消失的。我們需要的東西是超越物質的永恆。我們以為我們有身體才可以存在，不過無有四大也依然可以存在。我們可以以「無」存在。我們應該要理解虛空身。以「有」存在，就是無知無明的存在；以「無」存在才是永恆的。我們都誤以為只有形象才能存在、物質的身體就是真正的生命；就像車子加了油可以發動，我們也因為吃了東西就能活動，這個身體只不過是個精密的機器人。

有個國王問尊者，「無我的意思是什麼呢？」

尊者給國王看一輛手推車，尊者問國王：「這是什麼？」

國王回答：「這是車。」

尊者開始分解車後，再問國王：「現在車在哪裡？」

國王回答：「現在沒有車。」

所以尊者說：「我們的自我就像車一樣。」

我們是由四大五蘊所組合的，卻誤以為這些就是我。但是車子被分解以後，我們無法找到我；沒有東西，我們才可以說這是我。

有一位國王從小想要當明星，但是因為他是國王而無法成為明星。有一天，不想放棄願望的國王偷偷地跑去找導演說：「其實我很想要表演，你可不可以偷偷給我一個角色呢？」導演看了國王以後，覺得國王最適合演乞丐的角色，導演說，「如果你要表演，可以。但不好意思，我只能給你乞丐的角色。」國王聽了之後，內心雖然不太滿意，不過他本來就不是乞丐而是國王，要假扮乞丐也沒問題。這譬喻和我們的情況一樣，雖然你知道自我不是我，卻可以扮演這輩子的角色。不過如果你執著你的角色且當真的話，問題就會發生了。如果那位國王忘記自己在扮演乞丐，被飾演僕人的演員打，而馬上生氣要判他死刑的話，怎麼辦呢？

不要被自我騙了！千萬不要誤以為自我是我，這是一種角色而已，這輩子是這種角色、下輩子會有不同的角色。真正的自我不存在。自我沒有實體、我們的本性沒有形象，但是沒有形象的本性想要表演，因此我們正在遊戲。

自我、靈魂不存在，全體的我、不二的我才存在。所以除了我以外什麼都不存在。天上天下唯我獨尊，這句話其中的「我」字，是指全體的我。所有的一切存在和你是一體的，你想要分離也無法分離。如果你理解這道理的話，就不要執著自我吧！車子並不是你，反而是被分解後的狀態才是真正的你。

為了得到永遠的自由，你們都好好地想一想吧！

以「有」存在，就是無知無明的存在；以「無」存在才是永恆的。

其實你的孩子不是你的

前幾天有位學生和媽媽一起來到寺院，當我問她們有沒有什麼問題時，那位學生抱怨了母親，並很怨恨為何媽媽生下了她。

於是我跟她說：「父母並沒有選擇孩子，是你自己選擇了父母。你在母親的肚子裡搶食母親的營養，還讓她很辛苦地懷胎十月，你還憑什麼怨恨母親？這是很不對的。如果你學了佛，了解懷胎的過程，一定會對自己的怨恨感到很丟臉！」

現在我們有人間的意識，所以可以判斷、可以思維，才能夠追求自由、想要解脫。因此可以說「得到人身就像奇蹟一樣，是非常珍貴的機會。」父母給了我們這樣的身體，所以我說過：「難報父母恩！」我們的出生並不是隨便出生的，爸爸媽媽合一的那一刻，業識才可以進入，唯有這些條件都齊全時，才可以入胎。母親只不過是提供我們子宮而已，決定進入母親的肚子裡不是父母，而是我們自己，所以「孩子怨恨父母」這完全是錯誤的想法。

父母為什麼養育孩子呢？是因為無知無明。錯覺孩子是自己的骨肉，而以為是自己身體的一部份，所以給予情、給予愛！但是出生七年以後，從父母身上吸收到的營養、血和肉已經全部消失了，現在孩子的身體、血液、骨頭是他們自己吃東西長出來的。所以父母給予的血和肉，其實一點都沒有留下來。如果你們說「這是我的孩子」、「這是我的父母」，實際上這樣的說詞是沒有根據的。但是父母不這麼認為，尤其是母親，她總是會說：「這孩子是我自己生的，是從我的肚子裡出來的，是我的孩子！」

但是，你們都要深思！是意識從外面進到肚子裡，所以意識不是父母的，而且孩子的身體也不是父母的，因為母親給的血和肉已經消失了。實在沒有一個東西可以說是父母的。

夫妻的關係也是這樣沒有根據的。假設整形醫師偷偷改變你先生的臉，他麻醉藥退了以後去照鏡子，一定會很驚訝地說：「這位是誰啊！」當他出院回家，你也會問他說：「你是誰？」而且若他強行進入家裡的話，你一定會認為他是壞人！其實我們每個剎那都在改變，但由於同一性的相續力，我們誤以為昨天的老公是今天的老公。所以假如你先生出

當你看家人和所有現象界都如夢、如影子、如迴音一般，都沒有固定的實體時，才能擺脫執著而得到自由。

差幾年後回來，你一定還是會跟他說「歡迎回家」，因為他長得沒有不一樣，不過事實上先生的身體細胞已經都變得不一樣了。

相反的，若先生偷偷去做臉部的整形手術，幾天以後回到家，你絕對不會叫他「老公」，就算整形醫師說這是你原本的先生，你也應該很難和他再一起住吧！一定會很尷尬的，對不對？也一定不會和他一起睡覺！所以不要愚蠢了！由於同一性的相續力，我們都錯覺這是我的孩子、我的父母、我的妻子、我的丈夫而執著他們。不過，若你們去深思，就會認知到其實沒什麼理由好執著家人的！所以在《金剛經》裡佛陀提到，「一切有為法，如夢幻泡影，如露亦如電，應作如是觀！」當你看家人和所有現象界都如夢、如影子、如迴音一般，都沒有固定的實體時，才能擺脫執著而得到自由。

無有住所的心

有一天，師父在開示中提到了《金剛經》。

六祖惠能大師當時聽到「應無所住，而生其心」這句話就開悟了，可是我們很少深思《金剛經》的這句話。「應無所住」的含義是什麼呢？其實物質世界的每個存在都擁有自己的住所，例如，這杯子放在這裡就有住所，那個花盆放在那邊也有住所，你們也都擁有自己的地址。那什麼東西無有住所呢？虛空！虛空沒有地址。無所住意味著無我！不但我們都如同虛空一般無有實體，所有的存在也是空性。《金剛經》是世尊跟弟子須菩提的問答，須菩提的外號就是解空第一，所以《金剛經》是世尊想要讓須菩提超越空性的階段。

佛陀一生轉了三次的法輪。初轉法輪時，他講到「四聖諦」；第二次轉法輪時，他講到空性；最後，他則是為了大乘菩薩而第三度轉法輪。《金剛經》是第二法輪跟第三法輪的一座橋樑。那麼在《金剛經》裡超越空性這個階段的關鍵詞是什麼呢？就是「無住相布施！」大乘菩薩行的核心就是「六波羅蜜」。「布施」特別是「六波羅蜜」的精髓，因為「布施」指利益他人的心。由於這樣的利他心，菩薩會實踐其他的「持戒、忍辱、精進、禪定、智慧」波羅蜜。

關於無住相布施，許多的人說：「就算你給予什麼東西，也不要執著你給予的相。」可是我覺得這樣的解釋有點困難。有誰可以做得到布施卻不會保有布施的相呢？例如，兩個人都擁有寶藏倉庫，但其中一個人的倉庫只要他拿出東西來，就會自動地又被裝滿；反之，另外一個人的倉庫，他東西拿出來就什麼都沒有了。兩人之中只有保有無盡寶藏倉庫的人，能做到無住相布施。另外一位絕不可能做得到無住相布施。無住相布施的含義是當你布施時，要站在「沒問題的本性」的立場來做布施的意思。只有開悟的人、能認知到無有問題、圓滿俱足本性的人，做得到無住相布施，因為他是以無量心做無量的布施。

以前我參加過《金剛經》大討論會，那時許多修持《金剛經》的修行者、學者都聚集前來。當年我還是個僧伽大學的學生，那時討論會的證明法師就是我們寺院的主講老師，所以我有點期待那天的討論會。可是進入會場一看到前面的橫幅布條寫著「斥破我相、人相、眾生相、壽者相！」這句話，我就變得不開心。

那天誰都可以發表，坐在旁邊的同學一直推我出去說些什麼，所以我就走到前面說：「橫幅的這句話錯了！因為要斥破的這些相本來就不存在！」然後我跟大家說：「我會讓你們看看無有相的道理！」接著我往前踏五步，又往後再踏五步，就回去原來的位置。老實說我在那個討論會潑了大家一頭冷水，現場大部分的人應該都聽不懂我說的話，但是主講老師完全理解了，

以無量心做無量的布施。

所以講演結束後回到寺院時，他偷偷跟我說：「你做得很好啊！」

關於空性，若用妄識很認真地去計較而分別，並無法瞭解真正的空性。你們首先要有正見。如何能建立正見呢？在《金剛經》裡，須菩提也有這個疑問而問世尊，「誰能相信佛陀所說的呢？」佛陀說，「你不要這樣說，如來滅後，後五百歲，有持戒修福者能生信心！」善良的人、正直的人、持戒的人、實踐布施的人一定會理解空性的道理。

很多的人在念誦《金剛經》，但為什麼開悟的人這麼少呢？因為都忽視了持戒等等最重要的事情。真理本來就有，只不過你們內在的邪見跟業報拒絕接受真理，因此看不到它。總之，證得空性的道理才能做真正地無住相布施；還有，做得到無住相布施才能走向大乘菩薩的道路。

「應無所住，而生其心！」

有多麼無限呢？

真理不是固定的東西，無有定法！

真理的階段會無限地提高，如果你安住在目前的階段，就會無法再提升。「阿耨多羅三藐三菩提心」是指無限的提升。所以學佛時，千萬不要對真理有固定的觀念！即使佛陀講違背常識的觀念，若你就此相信，那麼一定會有利益的。假設佛陀指著水而跟阿難說：「這不是水，是火！」，阿難就會回答：「是，世尊！」水怎麼可以是火呢？因為按照各自意識的階段，就算看到同樣的東西，所看到的都不一樣。人類看水是水，但餓鬼看水是火，所以

請不要懶惰，請謙虛，請珍惜光陰而堅持地學佛吧！

我們固定的觀念並非總是對的。「涅槃四德」分別是「常、樂、我、淨」，不過這些概念實在是超越一般思維判斷的範圍。

「常」有多麼常呢？我們通常說的永恆並非真正的無量，而是觀念範圍之內的永恆。事實上你的意識無法想像宇宙的邊界，若你嘗試想像，還不到邊界就會呼吸停止而死掉。「樂」有多麼樂呢？樂也無法想像的。人類只是根據自己的經驗，而想像涅槃的樂跟自己最快樂的經驗是差不多的。

那「我」呢？當你們思維無我時，只是用自我意識而去計較分別而已。而且，你們都這麼疼愛家人因而隨之喜怒哀樂，連自我都無法放下，怎麼可能理解無我的真我呢？那「淨」呢？人類的清淨度有多少呢？假設有人覺得鑽石最清淨而帶它去涅槃的世界，但在涅槃的世界裡，鑽石只是大便而已。在我們的階段，老實說「涅槃」是無法思維、無法想像的對象。所以學佛時，千萬不要安住在目前的階段而驕傲或戲論吧！我們要學的東西是無窮無盡的！還有，在地球的一百年相當天上的幾個小時而已。請不要懶惰，請謙虛，請珍惜光陰而堅持地學佛吧！

沒有來去的不二智慧

某個夏天的法會日，師父介紹一位居士給大家。

「這位居士是位醫生，退休後一直在參話頭。他的話頭是『瓶中鳥』。你們都聽過這個話頭嗎？有人擁有了一個葫蘆瓶，有一天他得到一粒鳥蛋，於是他把這粒鳥蛋放在葫蘆瓶裡，這粒鳥蛋竟然在瓶裡自然孵化了，他感到好神奇，繼續餵養這隻小鳥。結果呢？牠在瓶裡漸漸長大到快把瓶子撐滿了。這個時候，該如何才能既不破壞瓶子又不傷害這隻鳥的讓牠活下來呢？如果你們能回答這個話頭，你會得到開悟的智慧。有沒有人能回答呢？如果今天好好回答，有可能受到印可喔！大家來說說看吧！」

當現場的人都不敢說出口時，有位菩薩很小心地說，「在所有是非消失之前，我們都無法回答吧！」

「你說得對！我們人間的思考其實無法脫離觀念的框架。我們都覺得瓶子是固體，是無法變大或變小的，而鳥已大到無法通過小瓶口，所以除了破壞瓶子以外，沒有其他的方法。我們都被所有的觀念和知識束縛，就像瓶裡的那隻鳥一樣！還有其他答案嗎？」

當師父再問如何把鳥拿出時，一位高中學生如此回答，「就放在瓶裡吧！」

對這樣單純的回答，師父更認真繼續說，「不對啊！如果你不理牠，牠一定會死掉，我們就像在瓶裡的鳥一樣都會死亡。你一定要讓牠出去飛一飛、得到自由。」

接著，一位居士有點羞澀地回答：「如果我們把瓶子和鳥全都看成空性，能不能解決呢？當這些都是空性的時候，就無需破壞瓶子，且無需努力掏出牠了吧！」

師父針對那位居士說，「是有點道理，但就算你這樣回答，你還是不能解決你的生死，是不是？其實最重要的問題是『那隻鳥存在還是不存在？』自我意識存在還是不存在？昨天有位居士問我『心外無一物』，這意味著除了心以外，什麼都沒有。如果你能了解這句話，你的意識會變得更高。我們的自我意識是假的。你們先要認識到這身體並不是你，除了全體的我，沒有什麼能說是我。譬如說，當我把這杯子拿著前後移動時，眾生怎麼看呢？一定會看到有來有去。但是在開悟的立場來看，怎麼樣？當然沒有來、沒有去！為什麼呢？你們都誤以為這杯子和我是分開的，因此你會說這杯子有移來移去。但是當我把手前後移動時，你們不會說『指甲』有來有去，因為你們都認知我的手跟指甲是分不開的。這樣的想法不是二分法，而是不二的概念，這是所有存在互不分離、互為一體的意思。在分離的概念裡，因為自我的存在而一定會有來有去。但當沒有分離的概念時，一定不會有所謂的來去。因為自我意識存在著，所以這個世界會變得混濁而互相競爭。但是如果你把所有的存在看成如手跟指甲，所有存在都是一心一體，就不會發生什麼問題了。

「所以，無論你做任何事，如果你能帶著『全體』的想法，內心會越來越自由而且充滿愛和慈悲。但是如果你一直帶著二分法的概念在努力地修行，這世界只會有更多的衝突發生。因為透過二分法，只會讓自我意識變得更強烈。當自我意識消滅以後，你才能做到全體的事。全體的事是什麼？就是愛和慈悲。如果你擁有全體的意識，你活著就不會只是為了自己的欲望，而是為了利益別人。總之，以自我意識無法解決這個話頭。所以《法性偈》裡提到『叵息妄想必不得』，這意味著如果你只顧著保持自我意識，是無法

你們該透過修行找到「本來沒分開過的自己」。

開悟的。相反的，當你能使用全體的意識時，你就能利益自己和別人。大家都了解了嗎？你們該透過修行找到『本來沒分開過的自己』。為什麼貪瞋痴叫做三毒心呢？因為這些心，只會讓分開的自我意識更強烈。

「相反的，愛心和慈悲心，讓我們的心接近合一。例如一對男女真實地相愛時，他們的心越來越合一。所以真正的修行讓分開的心轉到一心，假的修行只會讓自我意識、我相、驕傲變得更大。大師們教導我們要放下的理由都是同樣的道理。因為只有當放下自己時，才能成為一體。所有修行法門的目標就是找到這顆沒分開過的心。你們真的想要解決這個話頭嗎？那首先請深思『沒有來去的不二性與空性』吧！」

整個宇宙讓一朵花綻放

宇宙之所以無限寬廣的理由，是因為看到宇宙時，我們的心會無限寬廣地展開。我們的內心充滿各式各樣的想像與念頭，數字概念也是無限地展開的。但這樣的無限性，都是被包含在內心無限的空間裡；整個宇宙再怎麼無限也都是在內心才被展開。當我們看著天空而想到宇宙的無限性，那個念頭也是在心內才升起。所以，所有的一切，全都被包含在般若智慧裡。

透過禪修，內外的概念會消失。我的心包含了整個宇宙，所以說「心外無一物」。整個宇宙不會存在於心外，只在心內。當我在思考時，是這小腦袋在思考嗎？不是的！當我在思考時，是廣大無邊的整個宇宙在思考。當我說話時，是指所有的存在一起在說話。《大乘起信論》裡說的一心就是眾生心，意味著我們在當下用的心就是佛心，在這個心以外什麼都沒有。但眾生心是迷惑的心，所以會認為這個小小的身體就是我，無法脫離這種錯覺，誤以為所有的事情都發生在這個小腦袋裡。但事實上，當下透過我的嘴巴所講的，其實是整個宇宙在講。當一朵花開的時候，是整個宇宙讓它開花。這花開的過程裡所有存在是一起的，就是一心！

我的開示總是回到「一」，這是什麼呢？是沒問題、無礙、自由與解脫的方向。除了這個以外，我不會說其他的法門。如果包含一切的心才是真正的自己時，那個心是無法死亡也無法受傷的。沒有來，也沒有去。例如我的身體在移動時，你不會說現在我的手指正在移動。因為你知道手指是我身體的一部分，所以不會說手指來手指去。但是你認為這杯子跟我是分開的，所以當我拿著杯子移動時，你會說杯子來了或去了。

當你確知整個宇宙是一體時，來去或死亡的概念就會消失，這樣的想法

當一朵花開的時候，是整個宇宙讓它開花。

會讓你開悟。神通是沒用的！假使有人跟我說，「師父！我可以在一瞬間繞地球十圈給你看！」我一定會賞他一巴掌打醒他！這個真的沒有用！整個宇宙都被包含在我的心裡了，哪裡還需要如此來來去去呢？這只會讓他滿身大汗而毫無意義。我們需要覺知一體。這個小我不是我，「小我是我」的想法，是一種迷惑和錯覺。就像一滴水落到大海時，才能說我是大海一樣，將來你們也會體會到一心一體的。「隨處作主，入處皆真！」當你知道你是誰，才可能這樣做。雖然擁有了這個身體，但請像國王那樣到處都能當主人般地享受完全的自由吧！

平等性的智慧

當我說，「你要同時聽到十方的聲音」，就是放下「假的自我意識」的意思。

自我意識是第七意識，也是自我主張的意識。當第七識勾結第六識時，會成為輪迴的眾生；反之，如果你能夠覺知自我意識是假的，才能放下我癡、我見、我愛、我慢，進而展現真正的謙卑。當你放得下自我意識時，你才能認知到每一個存在都是平等的。在這個層次，全體的意識才開始作用。例如當一滴水和大海分開時，全體意識不會作用，只有自我意識在作用。對所有的眾生來說只有「自我意識」在作用，所以每個存在都被三毒心騙了，永遠

每一個存在都是平等的，沒有什麼理由值得驕傲。

無法脫離六道輪迴而一直在受苦。但當你覺知自我意識是假的，第七識才會走上開悟。不過你在覺知自我意識之前，這意識一直會下降，因為自我意識很容易地跟著煩惱一起玩，很容易養成壞的習慣。相反的，提升意識真的不容易。只要達到某個階段，全體的意識就會開始作用，之後，才能走向開悟。然後達到「不退轉地」後，你的意識就一定不會再下降。

我們修行時，最大的障礙是什麼呢？一般來講是「魔」。但事實上，「魔」不是其他的存在，而是自己的我癡、我見、我愛、我慢，這些東西在輪迴裡讓我們變得糟糕。自大的念頭、驕傲的念頭是很大的問題。只有在全體意識的層次裡，你才會知道每一個存在都是平等的，沒有什麼理由值得驕傲。當平等性的智慧在心底種下時，才可以做真正的修行。

你們還記得充滿黃金小島的故事嗎？我曾經說過這個譬喻。在那座小島上什麼都是黃金，樹木、雜草、岩石……等等，全部都是黃金，所以任何形象都是平等的。在那裡任何存在都不可能自大，因為每個存在都是珍貴的。真理就是如此。所有的存在都是從同樣的意識出來；每一個存在都是偉大的存在，就像黃金一樣都是偉大的佛。只不過就像是突然從大海分開的小水滴一樣，遺失了平等的意識也開始起了許多的分別心和妄想。在黃金小島上，一棵樹也偉大，一塊石頭也偉大，一株草也偉大，一滴水也偉大。如果每個存在都會覺知對方的偉大性，所有的存在都會過得很美。當我們的自我意識可以覺知這樣的平等性時，我癡、我見、我愛、我慢就會消失，才能走向開悟。當我們認識到那黃金時，這世界一定會變成淨土。

這樣的智慧，是當下就知道所有的存在都是黃金，而不是當所有的存在都變成了同樣的金塊模樣以後，才能平等的意思。如果你跟石頭說：「你只是顆石頭耶！你應當需要融化變成金塊後，才可以跟我平等！」這是不對的！當下的樣子就是黃金。我們已經是黃金，是完美的存在，但因為自我意識，我們會產生「他是高、我是低」的分別心。石頭也是黃金，水也是黃金，統統沒問題。當我們覺知平等性的同時，六道輪迴一瞬間會變成淨土；當我們這樣覺知時，痛苦跟生死的問題也都會消失。但為什麼我們老是做不到呢？因為我們被無知無明的自我欺騙了，一直追求自我意識想要的事！

即使做惡夢，也還在媽媽的懷裡

師父在檢查鄰居菩薩的作業時，鄰居菩薩說：「我寫功課的時候，好像錄影機一樣，可以很明瞭地觀察自己。但是我做其他事的時候就沒有辦法觀察自己。」

師父就問她，「你做其他事的時候是如何，有沒有明瞭呢？」

鄰居菩薩回答：「因為我很專注投入工作，因此無法當下明瞭地覺察。」

師父針對這部分做了如下的開導。

「專注工作本身也是明瞭的，你做任何事都是明瞭的；無論你做什麼事，其實你都在明瞭的狀態。就算我跟你說過你應該要覺知，這也只是一種方便法門。我們應該深思『覺知』是什麼？『覺性』是什麼？不要做顛倒妄想。我們本來就是處在完美明瞭的狀態中，明瞭不是我們需要開發的東西，明瞭是我們原有的明瞭。你知道或不知道都無所謂，因為都會是在明瞭的狀態裡。知道或不知道，這是你的自我意識的事，但是真正的我跟自我毫無關係。

「我們本來就在涅槃的狀態，那是我們可以稱之為安心立命的狀態。開悟或還沒開悟都沒關係。這就像是在某個天氣很好的日子，媽媽很舒服地抱著孩子在懷裡餵奶，嬰兒在吃奶的時候就睡著了，還做了惡夢，所以皺著眉頭在哭泣。媽媽看著孩子，心裡想著：我的寶寶正在作夢嗎？就在那時候孩子很害怕地驚醒了，不過馬上發現媽媽正微笑看著自己，自己也從來沒有離開過媽媽的溫暖懷裡，於是孩子可以放心繼續一邊吃奶一邊睡著。孩子睡著的時候或是作惡夢的時候都沒問題。一切的存在其實就像這樣。

「雖然我受苦了，但是從一開始就沒有問題，因為一直在媽媽的懷裡。

我們本來就在涅槃的狀態，那是我們可以稱之為安心立命的狀態。開悟或還沒開悟都沒關係。

開悟就是這樣。如果我們追求開悟的話，反而這份追求的心就會變成障礙。你應該深思，為何我要告訴你更高階段的開示。『自由』是你馬上可以得到的，當下馬上就得到了，這是大信心。如果你說我現在修行是為了未來的自由，這是錯的！為什麼？因為我們已經是自由的存在。若你說『忙碌的時候、生氣的時候、著急的時候沒有在明瞭』，這是錯誤的想法。不要這樣認為，因為我們一直都在媽媽的懷裡，明白了嗎？

「你想要得到自由的話，你的想法應該走向這樣的方向。如果你覺得現在的自己是錯的，所以要很努力，以後才能得到自由，那麼自由就會離你越來越遠。從一開始你就是完美的，就是圓滿的，你應該努力相應這本來的完美圓滿，這樣的心態很重要。如果你修行時就能享受當下的自由，你自己可以幸福，也能讓別人幸福；但若你非得到達目標後才要享受幸福的話，這樣的想法會讓自己與他人都不幸福，也很難得到自由——真理『本來如是』。

「你說『我懺悔我沒有覺知』可是誰覺知了？這是自我、假的自我，是不存在的自我意識想要覺知的。但是真正的覺知是本來就存在的，這種覺知，你觀不觀察都無所謂，因為一直都是存在的。在你的夢裡，媽媽消失不見了你會很擔心，但是醒來後發現你仍在媽媽的懷裡。所以開悟的狀態就是安心立命的狀態。在這裡，我的生命沒問題；在這裡，沒有死亡、沒有離開，所以你應該把你的想法轉成這樣的想法。

「當你做錯事的時候，就馬上讓自己回到這樣的想法吧！就好像狗的脖子上一直被繫著狗鍊，所以沒辦法走遠一樣，趕快回來吧！用這樣的方法我們稱之為修行。請回到本來的完美吧！不過就算還沒回來，你已經在本來的完美圓滿裡了。雖然你還沒努力回來，重點是你要認識到你已經在沒問題的狀態。從一開始就沒問題了！不覺知也可以，作夢也可以！因為你還沒覺知時，明瞭的覺知早就已是明瞭的覺知。即便你還沒經驗過，你早已經在真理中，睡著時一起睡著，起床時一起起床，真理從來沒有離開過你。無論你做什麼事，臨終的事、生氣的事，還是其他各式各樣的事，都是在一起。真理永遠都與你在一起。無論發生什麼事都不要忘記真理裡的真正自由！這才是保持正見！」

虛空遇到虛空

有一天，一對夫妻前來拜訪師父，並供養袈裟給師父。師父感受到他們的虔誠心，而想讓他們超越現在的階段，給予了如下的開示。

「當六祖惠能看到兩位法師爭論風動還是幡動時，他卻說『不是風動，不是幡動，而是你的心動。』當時惠能使兩位法師第一次看到自己的心。但在聽到惠能的話之前，法師們只是把現象界當成真實的而去分別是非；惠能趁機讓他們覺知『在現象界發生的所有事情，都是心內發生的事情。』所以惠能說的話，從這個角度來看，是有意義的。

「但是你們都要深思惠能說的話。他說的心是什麼樣的心呢?動搖的心是根據自我意識的心,是根據分別自他的心,是計較的心,是二分法的心!動搖的心是我們的本性嗎?那只是無知無明的妄心而已。你們應當要看這起心動念的根源,分別判斷的根本。假設這佛堂充滿了許多的東西、沒有一丁點空間的話,我無法動彈。由於有空間,我才能揮手說話。因此可以說,讓你能夠動作而說話的根本就是空間。

「就像這樣,當你們觀察自心時,起心動念、執著、貪愛、傷心、難過、開心的一切,都是由於廣大無邊的虛空心才能發生。沒有廣大無邊的心,起心動念根本無法發生。不過這些起起伏伏的念頭和情緒都不是你。它們就像天空的雲一樣,會起會散,是生滅的心;和生滅無關的廣大無邊的心才是真正的本性。但是就像雲、風、空氣、鳥語能幫你認出空空的天空,煩惱妄想也讓你能覺知廣大無邊的虛空心。

「你們都認為物質的身體是我,所以當你們看到自己的兩隻手時,你會明確感覺到一體,毫無懷疑這兩隻手就是你的。不過假設你的手突然被砍斷了而放在那邊，你很難再說『這是我的』因為手和身體已經分離了，無法感到一體。反之，如果你們能夠感到一體的話，什麼都可以成為你了。

「你們想想看，例如窗戶關著，裡面的虛空跟外面的虛空是分開的。但是當你打開窗戶，就會認知到裡面的虛空跟外面的虛空互相連結著，實際上根本就沒分開過。如同這樣，當我們睜開眼睛時，會感到身內的虛空

就像雲、風、空氣、鳥語能幫你認出空空的天空，煩惱妄想也讓你能覺知廣大無邊的虛空心。

跟身外的虛空是連結著、一體的。我們都以為身體是由地水火風所組成的，可是現在量子物理學者說，其實在我們的身體裡最大的部分就是空。我們透過眼睛才能發現外面的虛空跟裡面的虛空是一體的，外、內是不二，從來沒分開過，除了我以外什麼都不存在。

「不過我們總是粗粗地觀察，誤以為只有這小小的身體是我，糾纏在自我意識和物質的世界，無法擺脱執著和貪愛，於是窮盡一生地貪愛自己的身體。其實最廣大無邊的身體才是我，但是你沒覺察過這樣的不二；只是因為身體各部分互相連結著，所以你能感覺到一體，你就只認定物質的身體是我。如果你一直把物質的身體當成是我而執著了，將無法脱離痛苦。

「可是，若你至少能覺知虛空身，那麼你就也能放得下執著和貪愛而得到自由了。遠離顛倒夢想，究竟涅槃！」

面對不存在的自己

某日有位居士問師父，「師父，您在南無阿彌陀佛的名號前面加無量壽、無量光，這『無量壽』的意思跟基督教所說的永生有什麼不一樣嗎？就像我們發願往生淨土一樣，他們也想要上天堂而享受永生。有時候我有點搞不清楚耶！」

師父回答如下。

「如果你不了解《心經》，就會覺得永生跟無量壽是差不多的。佛教法師跟神父、牧師們所說的差別在哪裡呢？在佛教裡不會認定任何的東西。但在不認定任何東西的基礎上，才會開始建一座塔，就是大慈大悲的塔。佛教除了一件事以外不會接受任何的存在，那是什麼呢？就是大慈大悲！因為大慈大悲才開始建塔，不過在那個時候建塔人的自我意識是不存在的。

「對從來沒放下過自我的人、沒有般若智慧的人來說，雖然修行而實踐慈悲心，卻還是維持著自我意識。因此我們先要有般若智慧，先有智慧才能繼續修行。其他的宗教不需要這樣的智慧，只要信上帝就可以了，跟隨他就夠了。佛教不是這種要人屈服的宗教，而是自己得要解脫的宗教。所以我常說，修行的起點就是文殊菩薩的般若智慧。當你以智慧了解般若智慧時，自我意識才能超越第八識，因為凡夫都誤以為第八識就是自我。

「若你想要轉識成智，先要了解空性的智慧！請再讀讀《心經》吧！在《心經》裡不認定任何的存在，那自我意識怎麼會存在呢？當你徹底不認定任何的東西而完全地放下自己時，才能得到『無生法忍』。你可不可以忍受『所有的存在從來沒存在過』這件事呢？你可不可以承受不存在的你呢？事實上怎麼能夠承受所有存在的不真實呢？你會不敢承受、接受什麼都不真實

所有學佛的人有朝一日都得要面對自己，要面對自我的死亡。

的這件事，因此拚了命地不想放下自己。

「在這個階段，自我意識這個惡魔會抓住你、竊竊私語地說，『即便其他的存在都不是真實的存在著，那至少自我需要存在啊！』結果你就無法超越自我意識了。其實昨天的自我不是今天的自我。然而因為相續力讓我們有錯覺，你們都誤以為昨天的自我和今天的自我是一樣的。自我從來沒持續過，而且一直在變化中；就像影片的畫面看起來連續著，實際上每個畫面都不是連續的一樣。你要徹底覺察任何的自我、任何的靈魂都不存在著。

「我們都害怕自我意識的消滅。老實說當你面對不存在的自我時，會感到前面暗暗的、後面也暗暗的，恐懼、害怕得快要瘋了。『放下存在』絕不容易，且幾乎不可能。那一刻，你能承受這種狀態嗎？大部分的人不能承受自我的消滅，因此執著再回到世俗。這就好像一般人拚死拚活地為了家人、為了生存而努力工作著，就算覺得很累、想要放棄，在借酒澆愁之後，卻又日復一日地重複辛苦的工作與生活。人們都很害怕自我的消滅而捨不得世俗，因此都會再輪迴入世。若你努力跨過這階段更進一步，才會得到『無生法忍』。超越這階段叫做『百尺竿頭更進一步』或『大死之後方能大活』。

「但是所有學佛的人有朝一日都得要面對自己，要面對自我的死亡，哪怕很怕面對深淵、哪怕自我比鑽石還強硬，透過八萬四千方便法門，你就能對將來放下自己的那一天預做準備。例如，女兒第一次快生孩子時，會很害怕，但母親和阿姨都鼓勵她說，『不要害怕，我們都經驗過！沒事的！』就這樣，如果你跟隨佛法而持續修行，終究能穩穩地面對自己。」

師父，您將來涅槃了以後會去哪裡呢？

某日，有位個性很直接的菩薩問師父，「師父，將來有一天您也會涅槃，那麼您會去哪裡呢？」師父回答如下。

「通常呼吸停止而死掉叫做涅槃，開悟也叫做涅槃，而佛教徒常常說煩惱的火熄滅就是涅槃。可是你要深思啊！我們都誤以為思考、判斷等作用都發生在四大的身體裡，特別是在腦袋裡發生的事情。然而當你的意識越來越提升時，這樣的想法也會改變的。

「例如，作夢時我們的身體躺著在床上，但意識還是可以東跑西跑啊！

你是比虛空更廣闊的存在！當你改變顛倒夢想時，就是究竟涅槃了！

以前我修過觀呼吸，若你很細微地覺察吸氣、停氣、呼氣的每個狀態，你才能認識到你的意識在身內、也在身外，遍地都在。我們的心在於整個宇宙。但是我們都只認知身體是我，而無法擺脱顛倒夢想，因此誤以為思考只是發生在身體裡。

「剛剛你問我，我會去哪裡，其實本來就沒有來去這件事。太平洋、大西洋的海水都是一味，對虛空來説，它沒有住所。當你看到真正的本性時，你會認知到這具身體本來不存在。這具身體不是你，全體和你就是一體，是不二的。所以『涅槃後我去哪裡』的提問是不對的。一般人都根據身體的概念，而誤以為死亡時靈魂離開身體去別的地方，但所謂離開或來去的概念都是錯誤的概念。

「當你開悟時，離開或來去的這種概念也會消失的。這個身體一開始就不存在！個我的身體本來就不存在！一般人所擁有的思維都是無知無明的產物；我們用的言語都是無知無明的語言。『死亡』或『活著』都是無知無明的語言，『離開』或『去哪裡』也是無知無明的語言，我們都被世俗的語言抓住了。站在真理的立場來說，死亡這名詞根本不存在。

「生滅的世界跟真如的世界語言完全不一樣，因此我無法滿足你的提問。因為真正的涅槃是沒有來去的。涅槃就像廣闊的虛空一樣，一直完美地存在著。當一滴水落到大海時，它會去哪裡呢？那一滴水在整個大海裡了。它在太平洋、也在大西洋；它已經和大海成為一體、了無二分。你怎麼可能找到那一滴水呢？不可能的！

「所以可以了解《法性偈》裡提到『一即一切，多即一』嗎？若你被名、相和分別抓住了，就不容易清楚瞭解。你總是認知我是女生、我的名字是什麼、做什麼工作等等，被囚禁在這些框架裡而無法擺脫，就無法理解認識框架以外的世界。這些名字、形象、分別心就是生滅世界的法則，是創造世俗的材料。當這些名、相、分別都消失時，你就會認識到不二心、一心，這才是正確的智慧心。

「你誤以為自己是一朵雲而飄來飄去驕傲地活著，不過當你認知到自己並不是會飄散的一朵雲，而是虛空本身時，就是智慧的正見。遠離顛倒夢想時才能正確地看。你提問的問題都被名、相、分別抓住了，若這樣去思考，是永遠無法脫離痛苦的。

「盡快轉頭看空空的心吧！你是比虛空更廣闊的存在！當你改變顛倒夢想時，就是究竟涅槃了！會得到完全的自由！能包容整個宇宙，廣大無邊的心就是你！當你認識到這樣的心，就是涅槃。那麼你會去哪裡呢？沒有來！沒有去！一滴水，落入在大海的波浪裡一點也不會消滅，反而得到了整個大海，而完美地起了大自由的波浪！」

客人的心，主人的心

有一天，師父在開示中強調「觀察自己」的重要性時，有位居士問師父：「剛剛您提到，我們要看自己的心。那麼自己是誰，看自己的人又是誰呢？」

針對他的問題，師父如此回答。

「假設我拿著鏡子來照你們，你們就會出現在鏡子裡。當你看著鏡子裡的形象而去分別這是誰、那是誰時，這就是『識』；但是就鏡子本身來說，絕對不會去分別，它只會映照著。當我們迷惑時，只會用分別識；相反的，有智慧就不會去分別而只是照映著。就像百貨公司裡的錄影機，只會錄影而不會去判斷一樣，沒有分別，只是有智慧的知。分別識就是妄識，也就是二分法的思考。全體的意識分成主和客以後，妄識才會去分別而判斷。當在鏡子裡照出許多的形象時，你是這些形象嗎？還是鏡子？你是起伏的分別妄識嗎？還是你和這些念頭毫不相干而不會被動搖呢？就算我們內心的鏡子照著所有的現象界，但鏡子跟所照映到的形象根本無關，這叫做不動心。

「一離開不動心，分別識就會開始動作，於是你會錯覺這些分別妄識才是你。但是，就像在旅館裡，客人來來去去而主人仍在一樣，其實生生滅滅、來來去去的念頭不是你，一直都在的不動心才是你。但是有人聽到不動心，就誤以為『興起的這些波浪不是不動，要把它放在冰箱裡永久冷凍以後，才是真正的不動！』這是很愚蠢的想法。

「波浪一直都在動，但就水的本性來看，無論是水、冰或蒸氣，都是一樣的水。打坐很久而沒有動，或入滅盡定，這些都不是真正不動的意思。雖然出現在鏡子裡的所有現象一直在動，然而鏡子本身不動，這樣的不動才是真正的不動心。你們都耳熟『煩惱即菩提』，但你是站在菩提的這邊還是煩惱的那邊呢？這都取決於你的選擇。不管在任何時候、任何地方，千萬不要遺失對本性的覺知！因為如果你遺失不動心而只關注在變化的東西，卻說什麼是對、什麼是不對的話，你一定會跌向輪迴的深淵。《楞伽經》裡提到的五法之中，『名、相、分別』也叫做眾生。因為眾生被名字、形象和分別給抓住，如同客人一樣，一直徘徊在生死輪迴裡。那麼如何能當主人呢？不要執著任何的名字，不要認定任何的形象，請不要遺失你的本性！」

你站在菩提的這邊還是煩惱的那邊呢？

二〇

不二的寂滅相

禪修是什麼呢？

是看清楚本來無有問題與完全的本性而得到自由。

在這個位置，你總是能自由自在，所以不會被瞋恨阻礙。當你試著做任何事情時，你應當正確地看，這是錯誤的知見還是智慧與慈悲的顯現。不然瞋恨心馬上會變成自我的負面能量，而你會被淹沒。做任何的修行之前，我們首先要有智慧的見解。

為何要禪修呢？什麼是不足呢？波浪和大海蕩漾在一起，正在玩不二的遊戲。一起動搖的模樣本身就是不動的禪定；無論波浪生、波浪滅，波浪本身就是水。當波浪安住在水的本性，就可以說是安住在禪定，也可以說是真正的打坐。

千萬不要給愚蠢的自我養分。當你有智慧地禪修，不管發生什麼事，都不會遺失「海印三昧」。那是平等心的一味。本來和大海在一起的波浪，完全任由大海無礙地在一起遊戲。請不要和不存在的痛苦在一起。要把三毒心馬上轉成智慧心，隨時隨地，如波浪一般；你的禪修應當成為跳空性的舞，得到「無生法忍」以後才可能超越生死。

若有人就算知道無有生死，卻忍耐生死；就算知道萬法不存在，卻學習一切法，這個人就是偉大的菩提心修行者。

內心的寶藏倉庫

在印度學習藏傳佛教的一位比丘尼來拜訪師父，請教「用什麼方便法門來修行？」師父如此回答。

「當我們看到自己時，是按照自己意識的高低來看。如果你問普通人『你是誰？』因為他把四大五蘊當成是『我』，所以他會回答：『我是誰的爸爸、某公司的員工、做什麼樣的工作等等。』在他的意識階段來看，是真的答對了。不過對持續在修行的人來說，他有可能回答：『我是空空無礙的存在。』但是我們對空性的理解，其實都不一樣，而且根據修行和意識的高低，以前

開悟以後得到的百千三昧都是為了利益眾生。

的看法也會改變。因此我常常跟信徒說，請不要把我今天所說的看成是固定的真理，因為明天有可能我會教更高的階段，所以接受的心態是很重要的。用言語形容的真理，實際上一點也不對。真理就是言語道斷，用言語是無法完全地形容真理的，但是為了讓對方有所提升而開悟，只能說是不得不的方便法門。所以在方便法裡，沒什麼絕對的真理。」

語畢，那位比丘尼法師提問：「當我進入無念的狀態時，心的本性才顯現，也就是清淨心。我還沒有體驗到如來藏，所以很難分別無念狀態的本性和如來藏。在英文，有兩個名詞很相似，一個是Natural mind，另一個是Buddha nature mind。我可以理解一個，但對另外一個不太明白。針對如來藏來說，我還沒體驗到佛性，有時候想知道這個如來藏的世界是什麼樣子？雖然您已經提到真理是無法形容的，可是您可以用簡單的言語告訴我嗎？」

師父笑著說，「我說得再多，對你是否有幫助呢？知識性上會有幫助，但修行上不會有幫助的。不過你問我，我就來解釋一下。你剛剛說過，進入無念的狀態……。」

比丘尼法師補充說，「當我進入沒有念頭的狀態，清淨的本性才會有所顯現。我們稱這狀態為我們的本性，透過大手印（Muhamudra）的修行，可增長這個狀態。我覺得當極度增長這樣的本性時，最後才能體驗到如來藏。我推想，當我們的心變得極度清淨，本性的地位才會有所顯現。」

師父聽完他的話就如此回答，「老實說你剛剛說的都是假的，我們常說的這些禪定三昧都是我相的微妙遊戲，都是假的！楞嚴三昧、金剛三昧、首楞嚴三昧，你應該都聽過了吧！這就是所謂的本定三昧。你們都覺得無念就是沒有念頭，但是，不管我思維或說話，都是無念的狀態。你們要去深思。人家常常說應該消滅煩惱妄想和念頭；但連該消滅的這些煩惱妄想和念頭都根本不存在，才叫做無念。消滅念頭後才能進入禪定的想法，是錯誤的想法。」

比丘尼法師疑惑地問，「可是當我們沒有思維的作用時……。」

師父針對他的疑惑回答，「不是這樣的！就算有思維的作用都沒關係！言語、生起的念頭也完全是空性！」

那位法師又說，「本質上都是空性，但是眾生都被煩惱駕馭，就算煩惱似幻，但它總是都在。」

一來一往的問答後，師父繼續說明。

「你說的念頭消失的狀態，都是假的三昧，這可能會成為非常危險的法執，你必須要深思！你說的境界就像大海很寂靜而沒有波浪的狀態一樣，我們稱之為禪定三昧。但有一天，你會知道連這些都是假的。這些禪定包括所有的聲聞、緣覺的禪定以及滅盡定，但是連滅盡定都是假的。透過最細密的修行，你才會知道這些二乘、三乘的禪定都是假的。修行得越久，有可能越執著於禪定。如果你放不下對入定的欲望，會變成障礙的。

「修行過程當中，就算體驗到這種狀態，也不是真實的。真正的自由超越解脫的體驗。因此最重要的部分就是，我們對佛性一定要有正確的瞭解。直到開悟之前，得到的所有百千三昧都是假的，開悟以後得到的百千三昧都是為了利益眾生。現在的狀態就是無念，你們要有正確的思維，這就是正見。當下生起念頭、沸騰煩惱的樣子，就是完全的禪定三昧，無念、無心！如果你能這樣來看，就是走在正確的方向。

「對不同的根器，可能有許多的方便法門，例如有時候會對初學者說，你一定要斷念頭而消滅煩惱！你們都經驗過為了斷念而很認真修行嘛！但是你越認真修行，卻發生越來越多的問題跟傷腦筋的事，所以我說空性的智慧是多麼重要！只要有智慧，就能正確地走。煩惱不存在，但你卻想要斬斷它，怎麼可能斬斷呢？例如，你加班很累而看夜空，突然看到燦爛的空花，如果你覺得這些空花很漂亮而想要採它，採得到嗎？不可能的！因為它們都是不存在的！怎麼可能採得到不存在的花呢？煩惱妄想原來是空的、不存在的，但你卻想要斬斷它，這當然會瘋掉。因此我說首先需要有文殊智慧。

「那麼智慧是什麼？如幻、如影、如夢一般來看，對空性應該要有正確的瞭解。根據正見，一定要切斷不正確的想法。但是你卻認真地想要消滅原來就不存在的東西，然後去產生已經存在的東西！這又是什麼道理呢？真理本來就在，不需消滅什麼，不生不滅、不來不去！所以一定要認知到『從一開始就沒問題』的狀態，這才是正見！當我們有正確的見解來修行，才能開

在迷惑中只用業識就是阿賴耶識，有智慧地用就是如來藏。

悟，這就是文殊智慧。光認真是沒用的！」

比丘尼法師針對無念再提問。「我們常念的這些偈當中，有『念到念窮無念處，六門常放紫金光』，您怎麼看『念到念窮無念處』呢？」

師父回答：「你可以運用我剛剛所說的！無念處不是指別的地方，現在的樣子就是無念處，現在樣子的本性就是無念處，不管生不生起念頭，一直都是無念處。在大海，不管起不起波浪，水的本性原來即是清淨的。波浪就是水，水就是波浪，完全沒問題。不是為了成為水，波浪就一定要靜下來；不是為了開悟，煩惱妄想就一定要靜下來。認識到波浪當下的樣子就是水，這就是無念處。

「解釋完了無念，接下來解釋一下如來藏。你們有可能不太明白如來藏，但因為你問我，我就來說一說。

「什麼是如來藏？阿賴耶識跟如來藏有什麼不一樣呢？阿賴耶識就是無知無明的意識，如來藏就是智慧的意識，其實兩個都是同樣的意識；開悟前所有的存在都是無知無明的業識，開悟後所有的存在都是如來藏。兩個意識都一樣，問題在於能否轉識成智，能否用得上。但是何必在前面加『如來』兩個字呢？如來指本來如是、開悟的地位、佛陀的地位。這並不意味著要消滅無明的阿賴耶識；當能轉識成智時，阿賴耶識就會變成如來藏識。阿賴耶識也叫做含藏識，因為已經具備一切。在迷惑中只用業識就是阿賴耶識，有智慧地用就是如來藏。佛陀就會用智慧，而眾生會用識。佛陀也會分別判斷，但佛陀轉識成智；所以雖然用相同的識，有智慧地用就是如來藏，沒有智慧地用就是阿賴耶識。

「倉庫裡具備所有的寶藏，什麼都有，任誰都有這樣的內心寶藏倉庫。愚蠢的人根本不知道什麼是珍貴的，在倉庫裡找不出來什麼有價值的東西，只不過在角落找到米酒和花生就很滿足。相反的，如來佛、開悟的人在倉庫會找到什麼呢？他會找到如意寶珠。如來藏識和阿賴耶識就是這樣，智慧越高，越能掏出更珍貴的寶藏。在這寶藏倉庫裡、在阿賴耶識裡、含藏識裡，具備了所有一切。有智慧的人只會掏出真理、自由、幸福、不生不滅、圓滿俱足、無有問題的東西；沒有智慧的人只會掏出生滅、痛苦、難過的東西。

我們眾生無法有智慧地使用自心，因此無法脫離生老病死，只是拿出生滅來使用，因此一直在受苦。有智慧的人只拿出永遠不變的東西，無量壽無量光、報身世界的東西來使用。

「我想要如此解釋如來藏識，是只有如來佛才能拿出來使用的意識。我的解釋有可能跟別人不一樣，但我希望你們都能這樣使用如意寶珠。

「在你內心的寶藏倉庫裡，什麼都可以拿出來使用，你應當拿出最好的東西來。請不要拿出會生滅的東西來使用，請只拿出不生不滅的東西來使用。這就是無量壽無量光。只要皈依這個，南無阿彌陀佛！這就是最好用的智慧。」

第二部 修：又被騙了！到底如何修行？

趕快離開地球吧！

昨天有位身有殘疾的居士來訪，他吃飯、寫字都用腳趾頭。談話之間，他跟我說來世想要得到健康的人身，我跟他說，「你千萬不要這樣發願。」當然我理解他有多麼渴望健康的身體，不過我真切地希望他永遠的幸福，所以我這麼跟他說了。

你們也都想想看！只有當聖人出現時，人間的意識才會突然被聖人提升而變得純粹、善良，因而想要追求更高的階段。但佛陀入滅以後，人類的意識免不了趨於低落。跟你們的小時候比起來，你們會發現所謂的新人類——現在年輕人的靈魂素質更低了，況且下一代新新人類的意識一定還會更低。

因為人類的生活越來越自動化、機械化，因此越來越不需要去思維、思考。

如果你發願來世再得到人身而修行，那真的不行！因為第二代能學佛的機率比起現在一定會減少，人類越來越不會去聆聽佛法，最後會變得根本不認識佛陀。老實說最近也是這樣，不是嗎？若你到市場招來一百個人而開始說佛法，百分之八十以上的人會說：「又沒什麼用」而一走了之。就算有人願意聽，一陣子以後，再染上世俗就會忘記了，最後連「佛陀」的名字都無法聽進去。黑暗的時代會到來。

千萬不要發願再得到人身，你們得要去更高的世界！就算現世你們好好修福而來世再能得到人身，下一代你們能遇到佛法而修行的機率更少，不可能提升自己的意識。若你來世真的想要繼續學佛而修行，一定要去最適合的地方，是能免除墮入三惡道、能繼續學佛、能享受幸福的地方！那就是阿彌陀佛的報身世界！在地球裡你們只看得到人類、動物、小動物、植物，所以無法想像更高的世界，結果只能發願來世再得到人身。不過在佛法裡面，這個地球屬於「五趣雜居地」裡最低的地方。阿彌陀佛的極樂世界在「色究竟天」，即所謂光明的世界，在這裡不會墮入三惡道，學佛的條件也已經齊備了！所以我跟有殘疾的居士說，「即使你來世得到人身，你的意識免不了下降，最後一定會墮入三惡道，請發願往生淨土吧！」

而且就像你們都不能進入不認識的人的家一樣，就算想要得到人身，也不能隨便入陌生的胎，因為和未來的父母一定是有因緣才能入胎。你們都想一想吧！和你最有因緣的孫子、孫女的世代，他們越來越不想要結婚生子，況且當你往生的那一刻，剛巧他們和伴侶合一的機率會有多少呢？所以大部分的父母往生後，意識會周旋家人的身邊，結果進入寵物胎的機率越來越大。怎麼辦！

你們都聽過白居易的《念佛偈》嗎？他七十一歲時說，「我不再吟詩了，就只念阿彌陀佛！」然後他七十四歲就安詳往生了。在《每日祈禱文》的最後：「我等與眾生，當生極樂國，同見無量壽，皆共成佛道！」這實在是最重要的一句！末法時代，自力修行其實不可能的，我們一定需要有佛菩薩們的加持力。不過只要你們的心虔誠、真實、純粹，就能夠以加持力修行下去而往生淨土的。了解了嗎？

《念佛偈》．白居易

余年七十一，不復事吟哦，
看經費眼力，作福畏奔波。
何以度心眼？一聲阿彌陀，
行也阿彌陀，坐也阿彌陀，
縱饒忙似箭，不廢阿彌陀，
日暮而途遠，吾生已蹉跎。
旦夕清淨心，但念阿彌陀，
達人應笑我，多缺阿彌陀。
達也作麼生，不達又如何？
普勸法界眾，同念阿彌陀。

成佛的指示牌

有一天，師父向志工們問了以下的問題。

「直到目前為止，你們聽我說的話或看開示的影片或讀佛經後，有喜歡哪一句嗎？許多句子中最喜歡的是哪一句？現場的每個人都說說吧！現在想起來的那一句就說吧！在日常生活裡很有心得或經常記得的那一句。」

智慧菩薩說：「我最有感觸的一句就是『真正的慈悲不會讓你累』。」

禪師說：「真正的慈悲不會讓你累？好。那萬德菩薩你呢？」

萬德菩薩說：「慈悲心！」

禪師說：「慈悲心？如果你們說錯，這會是很大的問題喔。慈悲心？好。那農夫菩薩你呢？」

農夫菩薩則說：「我喜歡《心經》裡的『無有恐怖，無罣礙』。」

禪師問說：「在你的心裡沒有恐怖、沒有阻礙嗎？」

農夫說：「不是的，我希望成為這樣。」

禪師說：「好。那慈悲行菩薩，說吧！」

慈悲行菩薩說：「增長菩提心利益眾生。」

師父說：「你講得很好，菩提心是什麼？說吧。到底菩提心是什麼呢？」

她沒回答，所以師父繼續說下去。

「若你們想要了脫生死而得到永遠的幸福與自由，首先要有正確的因地。在這世界上，每個人都擁有自己的願望，譬如當學生讀書時，他們會希望以後成為什麼樣的人。有些人沒有正確的目標，卻要做這做那的。這些人為什麼不會成功呢？因為他們的因地不太正確。尤其是修行者想要了脫生死的話，一定需要有正確的因地。修行不能馬馬虎虎的。所以在開悟的道路上，必須要有正確的『指示牌』。例如現在我們想要爬附近的山，一定要依照指示牌。就像這樣，我們想要了脫生死的話，也必需依照指示牌，不知道的話，你沒辦法開悟。慈悲心也好、無有恐怖也好、菩提心也好，我們一定要按照指示牌。」

「那萬德菩薩你再說吧！如果你要了脫生死而成佛，你的指示牌是什麼？假設現在向成佛出發，第一個指示牌是什麼？每人都說說看吧。慈悲心？菩提心？模糊地說的話，都沒用！如果你的因地正確，一定沒問題，只要依照指示牌一步一步走就對了。」

禪師沉默一陣子後，再問大家。

「第一個指示牌是什麼？為什麼沒有人回答呢？你們應當說，我會依照某某指示牌就走向成佛。如果你們沒想到指示牌的話，你們的修行一定會迷路。智慧菩薩你先說吧。」

智慧菩薩說：「是不是出離心？」

師父說：「什麼？不行！農夫你呢？說吧。」

在開悟的道路上，必須要有正確的「指示牌」。

農夫說：「不是做早晚課吧？」

師父回答說：「什麼？糟糕！慈悲行菩薩說吧。」

現場的每位菩薩都好像啞巴一樣，什麼都說不出了。

師父看起來很鬱悶，接著再繼續開示。

「你們都完蛋了。怎麼辦！這是很大的問題喔！你們都還沒有正確的因地，臨終時怎麼可能去極樂世界呢！所以真實的修行是很難的。就算我反覆千萬次，還沒種下正確的因地怎麼辦？不行！為了開悟和成佛，正確的因地是什麼？第一個指示牌是什麼？請回答！

「第一個指示牌就是皈依三寶！皈依三寶！

「三寶就是整個宇宙中最珍貴的寶藏！這句話，隨時隨地，千萬不要忘記！睡覺時、臨終時也不要忘記！如果遺失了皈依三寶，一定會墮入三惡道。沒辦法走向佛陀的世界！沒有皈依三寶卻說出離心？出離！往什麼地方出離呢？慈悲心？在世界上，有許多的慈悲。佛陀的慈悲心，就是不二的大慈大悲心，但跟你說的慈悲心是不一樣的。沒有皈依三寶卻說慈悲心？這只是世俗的慈悲心。

「無有恐怖？沒有皈依三寶，這些都是外道。那菩提心呢？沒有皈依三寶，怎麼可能發菩提心利益眾生呢？沒有皈依三寶，全部都會成為邪道或外道。因為方向已經錯了。

「記得！當閻羅王找你時，如果你會說『我已經皈依三寶』，你一定不會墮入三惡道。但遺失三寶卻說我有慈悲心、出離心或者菩提心的話，都沒有用！了解了嗎？其實許多的修行者都還沒踏出第一步。他們還沒認識皈依三寶的重要性。這是世界上最珍貴的寶藏！怎麼能夠忘記皈依三寶呢？有人問你怎麼修行時，如果你會回答『我皈依三寶』，你的答案就是萬分。但是忘記三寶，不管你說什麼，全部會變成外道。知道嗎？

「一起合掌！你們真的要懺悔！來跟隨我念懺悔真言吧！」

懺悔和入流亡所

當我們第一次真正往內看自己時，你會發現，內在的煩惱像是在大掃除一樣，十多年老舊的東西和意想不到的東西全部都會跑出來。你可能會很驚訝，為什麼我還保有這些東西呢！當你開始懺悔而觀察內心時，同樣的事情也會發生。你可能會發現，原來我的心這麼亂呢！你可能會反省到，原來我竟然在過這樣的生活！

如果從這樣的狀態更深入的話，你才能看見自己的根源。所以懺悔對你的修行是非常重要的。總之，觀察自己的第一步就是懺悔。對，我們需要先懺悔。我常常說，如果你是真正地發露懺悔，當下就會開悟。為什麼真正地懺悔會讓我們開悟呢？因為當你真正地懺悔時，你的心突然就會往內看，回到自己的根源。不要跟隨外境，不用識心！這些就是返回自心的第一步。

《楞嚴經》裡說「入流亡所」，是什麼意思呢？意指「入真理之流，才忘對境。」我們的心總是向外境走，但當真正地發露懺悔時，就會改變方向，由外轉內。當你真實地懺悔而內觀自心時，你會達到須陀洹果。須陀洹又譯為預流果，那就是參預真理之流的意思。所以，懺悔就是入真理之流的第一步。懺悔真的非常重要，我們需要真實的懺悔，真正的懺悔。不要假懺悔！當你試著真實的懺悔時，往外的心會突然回到自己。那時候才可以進入聖人的果位。

但是有些人掩飾了自己卻還說要修行。掩飾自己卻試著修行，怎麼可能做到呢？你第一步就走錯了！就像你該往北走，卻朝東西南走，還說自己做得對。若你欺騙自己卻還說那是更高階的修行的話，那怎麼修行也會修不好，而且沒辦法看到自己的本性。

我要你們懺悔就是讓你們轉變方向由外往內看自己，了解嗎？懺悔真的非常非常重要。所以在《每日祈禱文》裡，首先皈依三寶後，第一就該懺悔。但大部分的修行者並不認識懺悔是這麼的重要！其實佛陀已經遍地種下善妙方便，可是一般修行者信心不夠，所以覺得這些基本修行沒什麼，然後就會掩飾自己。你們一定不要這樣做。記得！觀察自己的第一步就是真正的懺悔。

當你試著真實的懺悔時，往外的心會突然回到自己。

每日祈禱文

至心　皈依佛法僧三寶

誠心　懺悔往昔因無知無明所造諸惡業

今後　謹遵從佛陀的教誨

以　般若智慧與慈悲方便

增長菩提心

生生世世常行菩薩道

懺悔真言

om-saba-mocha-moji-sadaya-sabaha（3次）

發菩提心真言

om-budi-chita-wuten-bada-yami（3次）

願以此功德　普及於一切

我等與眾生　當生極樂國

同見無量壽　皆共成佛道

脫離痛苦和恐懼的道路

夏天的某日，有位居士帶著同事們一起參與法會。他們的工作都是跟法院有關，有些人身上還有濃濃煙味，他們看起來不太習慣參加法會。當師父請大家問問題時，那位居士竟然很勇敢地舉手發問。師父一看到他就露出微笑，然後馬上準備香板，大家都忍不住大笑。

他問師父：「師父，老實說，我漸漸老了，不知道為什麼越來越擔心害怕。跟佛陀有什麼樣的關係才能脫離煩惱、恐懼和不安呢？您可能有各式各樣的方法，但請告訴我最簡單的方法就好，我保證這次不會忘記，而且一定會實踐。」

師父看著他回答：「我已經告訴過你了，但你每次都忘記，怎麼辦呢？你連被打的資格都沒有。我再告訴你一次，如何跟佛陀有好因緣、不會讓你墮落三惡道，而且一定會成佛的方法，但這次請不要忘記，每天都要念！大家請合掌，跟我一起念！」

然後師父帶大家念皈依三寶：

「我至心皈依無上尊貴偉大的佛。

我至心皈依無上尊貴偉大的法。

我至心皈依傳正法的善知識和僧伽。

謹遵從無上尊貴偉大的佛法，

生生世世以大慈大悲來利益眾生。

嗡　阿　吽！」

一起念完三皈依後師父繼續開示。

「我們剛剛念的是所有佛法中最重要的，沒有什麼比這個更重要。現場的人都有可以回去的地方，是什麼呢？家！就算晚上辛苦工作到很晚，但下班後我們都會回家，才能好好舒服地休息。今天法會結束以後，你們也不需要如何努力回想，大家都能自動回家。而這輩子我們也有需要返回的地方，如果往生時沒有回歸處，就像可憐的遊童一樣永遠地流浪，墮落三惡道。

「你們知道嗎？在軍方獨裁的時代有宵禁。當時如果有人在宵禁時間喝醉徘徊的話，他會被軍人抓到可怕的地方。就像這樣，如果我們死亡時還沒決定往哪裡去，沒有回歸的地方而到處徘徊的話，牛頭馬面會帶你去地獄道、餓鬼道、畜生道。所以你們一定要正確地決定往哪裡去。如果你還沒決定要回去的地方，一定會在黑暗中流浪而被抓走。所以剛剛透過皈依三寶，我讓你們避免了死亡後到處流浪。當你們真心依靠佛陀和佛法時，死亡後才能去和佛陀有因緣的地方，最後能了脫生死而得到永遠的幸福跟自由。

「如果你沒有可以回去的地方，會怎麼樣呢？你們想想看！在這小小的地球上，如果沒有一個窩可以返回時就很不舒服了；更何況在那麼廣大無邊的世界裡，都沒有你可以回去的地方，是不是很不幸呢？所以我剛剛告訴你們該往哪裡去。那我們究竟該回到哪裡呢？最後我們一定要從六道輪迴畢業，返回真理。因為只有當脫離生死而安住在真理時，才能享受最高的安樂。極樂世界也叫做安樂國，所以你們都應當決心『我一定要脫離生死，往生淨土！』皈依三寶是如此的重要，雖然你還沒開悟，但當你有皈依處時，生生世世才會遇到佛法而究竟成佛。

「皈依三寶以後，你該怎麼做呢？譬如，家裡有個兒子是個壞蛋，每次都把父母賺的錢搶去做壞事，讓父母很困擾，最後終於入監服刑，幾年後出獄回家了。當他在家門前要進去時，因為過去的惡行而感到丟臉，害怕會不會被拒絕而猶疑；但是當他進門後，卻發現家人都已經原諒自己，而且真心歡喜他改邪歸正。那他會怎麼想呢？他一定會覺得自己真慚愧，兄姐都孝順父母且過得這麼好，而我又做了什麼呢？我真的做錯了！對，我們也該和他一樣，皈依三寶後要先懺悔，真心發露懺悔過去造的所有惡業。真正的懺悔以後，內心才能生起善心。『我過去的生活真的是愚蠢，從今以後我一定不會再做壞事！遵從佛法要開悟、利益眾生！』當你如此真心懺悔時，佛菩薩們和善神們會很開心而護持你，帶領你走向開悟。

「懺悔以後，你要做什麼事呢？持戒！就算我已經講過好幾百次，但因為非常的重要，所以我要再說一次。為什麼持戒那麼重要呢？因為當你不持戒時，不但會傷害自己，而且會傷害所有的存在。例如當你殺生時，對方被殺了當然痛苦，你也會生病難受縮短壽命。所有的戰爭都由於殺生的因緣才會發生。人與人之間的殺戮、國與國之間的戰爭，都是殺生的因果。被殺的動物在下輩子會因要報仇而找到殺自己的人，這是無法停止的惡性循環。當然吃肉是間接的殺生，所以一定會有果報影響。偷盜、邪淫、妄語都會傷害自己與他人。不喝酒的意思是不要做讓意識混濁的事情，喝酒、抽煙之類的都是。喝酒的人來世會受愚蠢的業報，有可能墮落畜生道，或是雖然得到人身但不會聰明。如果我們都能持五戒的話，地球上所有的問題，例如戰鬥、災難等等一定會消失，世界會變成淨土。

「不要說因為這世界混濁或現在是末法時代，眾生無法改善，其實從你一個人就能開始做利益眾生的事。持戒就是利益眾生的事，當你越努力，這世界就會變得更好。修行的實踐不是離你很遙遠的事，而是就在生活當中。皈依三寶、懺悔、持戒！如果你能這樣做的話，終究一定會成佛。但有人不做這些基本的修行，卻只想打坐或禪修，這是沒有用的。如果你的人格還不太好，卻想開悟的話，這真的是羞辱佛陀的事。」

直到師父要結束法會了，那位居士突然再問，「師父，我有一個私人的問題。我上個月參加某個考試，您如何看這件事，我會不會通過呢？其實我還是喝酒

又抽煙，佛陀有可能被我騙嗎？」

師父大笑，然後如此回覆：「佛陀的方便法門很微妙。譬如當有個女人快要溺死的時候，有位男士發現了，馬上跑去救她的命。但是呢，被救命的女人回神後竟然說：『你偷了我的行李，馬上還給我！』其實你就像這個女人一樣！現在你覺得如果跟佛陀說：『請保佑我！讓我通過考試後，我就一定會戒酒戒煙！』但是當佛陀讓你通過考試時，你就不會改善，還會回到以前喝酒抽煙的狀態。佛陀已經知道你，所以他絕對不會讓你通過考試！但是如果你真的決心要皈依三寶、懺悔、持戒來利益眾生，佛陀馬上知道你的真心而會讓你通過。佛法真的是不可思議！你能不能戒酒戒煙呢？現在下定決心吧！在通過考試以前就先戒了吧！」

我還算善良吧！

有天，一位鄰居居士寫功課給師父檢查。他在功課上寫說：「到目前為止，我只要看到可憐的人就想要幫助；為了全體而能犧牲自己，設身處地為他人著想，說好聽的話等……。我的人生當中，發出的善念比壞念還多，所以我遇到了佛法。」

針對這個部分，師父如此說。

「如果你是這麼看自己，會有點麻煩喔！當然表面上看似發了許多善心，但實際上你做更多的壞事。你會這樣寫，是我相在作用。若你覺得『和壞心比起來，我的善心應該超過一半吧！』這樣會是很麻煩、很大的問題喔！

「我們只是認識到表面心而已，當你深深覺察自己時，才會發現過去的生活裡其實是壞事比較多。你想一想吧！到目前你殺了多少的昆蟲呢？其實我們是無法覺知自己做的是好事還是壞事。假設你發了一整天的善心，但殺了一隻昆蟲，總計起來今天的壞事還是比較多的。所以你這樣的想法，真的不行！如果你認為自己比別人還好，這只會讓你的『我相』增長！你該為此懺悔！

「以前有位青年才俊來找我，希望出家。他擁有日本博士學位，在美國工作過，後來在韓國的公司也待得不錯。當他捨棄所有的好條件而要出家修行時，我先讓他記下來人生當中做過的好事和壞事，他竟然寫『從來沒做過什麼壞事』，我一看到他這樣寫，就讓他回家。因為我覺得他沒有資格修行。

「請深思吧！如果我們活過了一百年，做善事的時間相當於只有一年而已，其它的九十九年，我們不知不覺的做著壞事。你想一想吧！我們吃飯也是一種偷盜啊，因為搶了別的生命！如果你能深思的話，才會明白我們人類的生活方式，真的是件需要慚愧的事。然而如果你只是淺思，真的無法進入修偉大的佛法。我們必須要深思！千萬不要透過錯的思維，讓你的『我相』變得更大！唯有你深思自己的過錯時，才能改變自己。你做過的好事，就別管它們吧！因為過去的好事，將會帶來未來的福報。你只需要擔心害怕受業報的部分！

「當我們覺得『我過去的生活真的慚愧』時，才能謙遜、謙虛，我慢才會消滅，你的意識才會成長。『我慢心』絕對不會讓你的意識成熟。而遇到佛法的原因，不是因為這些善心，而是跟佛陀的因緣。因為『一大事因緣』，佛陀在這世界出現了。如果你跟佛陀有緣，時間到了，就一定會遇到佛法。如果沒有佛法的因緣，就算是非常善良的人，有可能永遠都不會遇到佛法；相反的，透過小小的因緣，即使只是不經意的聽到一句偈，也會種下未來遇到佛法的種子，而一定會遇到佛法。《法華經》裡也說到，小孩玩泥做塔而合掌，只是念了一次『南無佛』，但得此因緣，他也已經成佛了。總之能遇到佛法的因緣，是超越一般善惡的概念。那遇到佛法以後呢？當然是跟隨佛法要做善事而利益眾生啊！」

佛告諸比丘，世有二妙法擁護世間：所謂有慚、有愧也。（在世界有兩個微妙佛法保護世間，是對自己的慚，也是對對方的愧。）

《增一阿含經》

猶於烏雲暗夜中，剎那閃電極明亮，如是因佛威德力，世人暫萌修福意。

《入菩薩行論》

好冤枉啊！

有一天，一位菩薩由於政治的因素被指責，感到無辜又委屈，來到弘誓院請教師父。師父開示如下。

「我們人生當中，有時候無辜地被批判了，內心有可能感到委屈又憤怒。你很努力做得好，反而被指責，其實是很委屈的。可是如果你只有考慮一件事情卻說，『我沒做什麼錯誤，怎麼可以批判我呢？』這是不對的想法。因為現在的我，是由許多的因緣累積才產生的。活到目前為止，不管是否故意，有時候利益他人、有時候損害他人。那麼受你利益的存在和被你損害的存在

如果你的意識一直被形象抓住，免不了衝突。

之中，哪一邊比較多呢？

「如果你去深思的話，才會發現受我利益的，其實滿少的。事實上，你到達目前的位置，無數的眾生被犧牲了。甚至是今天你所吃的一頓飯，若你能覺察這一頓飯生產的過程，便能認知到許多的生命被犧牲了。如果你能夠想到無數被犧牲的存在，其實再怎麼被指責也活該！維持生命的這件事，若站在對方的立場來看，是一團冤屈，罄竹難書。

「想想看吧！今天你只是要參加午課來緩解委屈的心情，可是來到這裡的開車途中，不少的小動物被你的車子壓死。

「佛陀說了，每個生命的重量都是一樣的，因為每個生命都希望長壽，不願意被殺、受苦。如果牠們都能說話，一定會異口同聲說『我死得好冤枉喔！』；因此站在平等的立場來看，我們被批判，也只是活該！在六道輪迴裡所有的生命，表面上看起來美好，但是反過來看，簡直像個戰地。所以當你被指責時，首先，『接受』的態度是蠻重要的。我們的一生，能驕傲的事情其實很少。當你只看當前的事情，有可能會說『我又沒做錯，好委屈喔！』；但是從宇宙開始至今的過程當中，潛在的問題和果報無數無邊。

「那麼如何能解決這些問題呢？我們首先要弄清生命的實體，而該在辛酸悲哀的眾生界畫上休止符。如果你是無有形象、模樣的存在，根本無法被批判或衝突。眾生世界是『有』的世界，如果你的意識一直被形象抓住，免不了衝突。所以佛陀教了空性讓我們覺知『無』而有智慧地活著。還有，你已經過了六十歲了！年逾六十花甲就該準備人生的收尾。如果你還沒解決內心的委屈、窩囊氣、仇恨、憎恨的話，來世免不了去三惡道。所以就放下且原諒所有的一切吧！當你被指責或批判時，就像莊子講的空船一樣，觀照無法衝突的、空空無礙的你吧！」

對我好一點，好嗎？

夏天的某日，眾多訪客之中，有些人請示了關於蚊子和蟑螂的問題。

有位菩薩問了：「無形中的殺生是否造罪惡？」

另一位菩薩問了：「即使殺生了，可不可以懺悔就好？」

還有一位菩薩也問了：「能否使用防蚊用品？」

師父針對這些問題如此說明。

「你們都要記得，就算有懺悔法，殺生就是罪惡，你就該受到殺生的果報。即使你無意中殺死了昆蟲，你也要站在被殺的立場來思考，不是嗎？譬

當我們竭盡所能地努力保護生命時，奇蹟會發生的。

如，站在巨大的恐龍的立場來看，人類好像是小動物，牠後腳輕輕一踢就會打中了。假設恐龍無形中踩死了你的家人，那麼你可以跟牠說『沒事！沒事！你無形中殺了我的家人，懺悔就好了！』是嗎？

「蚊子也有家族，牠也執著自己的生命，站在蚊子的立場來看，我們人類是壞蛋！所以我們都要正確地思考！就算你很努力持戒而要保護生命，在物質的世界裡，連聖人也免不了殺生，因此終究我們必須要脫離這個世界。

「你們都想一想吧！在地球上，即便你現在過得幸福美麗，最後一定會不幸地、傷心地結束。這裡並不是能永遠享福的地方，而是一定要畢業的地方——就算在這裡能學到許多事，你們也該理解這點。一旦擁有物質的身體便無法避免受傷、生病、爛掉、相互殺害。不過在更高階的光明世界裡，實際上踩死、打死牠們的這些事情，根本不會存在，所以我們必須要從這個世界畢業而往生淨土。

「還有你們無形中殺生的時候，應當真實地懺悔而發願，『如果我已經開悟了擁有能力的話，可能會讓牠們都解脫。不過我到現在一直殺害生命，連一個生命也無法再活下來，真的對不起！我會好好修行的！將來一定要成佛而解脫所有的生命！』你們試試為了蚊子和蟑螂，做超怪、超善良的舉動吧！去做普通人不敢想像的行動吧！不要只是討厭或踩死或打死牠們！就讓旁邊的人看到你的行為，在內心驚歎說：『佛心來了！怎麼有辦法做到這樣？真像佛陀啊！』就去做這樣的行為吧！

「在弘誓院我們都和蚊子、螞蟻、蜘蛛、蟑螂好好相處，其實一點也沒問題。當我們為了做泡菜而種白菜時，一開始會把所有的菜蟲抓起來放在旁邊的草叢。可是一陣子以後我覺得這樣移動牠們也是不對的！雖然我們沒有殺生，但牠們也都這麼喜歡吃白菜，而且應該和我們一樣，不喜歡吃雜草吧！所以我們另外設了『菜蟲專用區』，把牠們都放在專用區之內，只讓牠們吃區內的白菜，結果牠們都吃光光，連白菜都變得如網子一般。甚至這些如網子一樣的白菜也都活了下來，渡過了冬天，到了春天還開花了！原來生命是這樣的偉大！

「以前，我在釜山附近當住持的時候，在寺院的前面有很大的池塘，蚊子多到無法言喻，『太擠了！』當我和信徒們一起熬夜祈禱時，他們被蚊子咬得很辛苦，於是，信徒們實在忍不住跟我說想要放殺蟲劑。我考慮了一整天以後，如此說了：『學佛卻要殺生，我無法同意這件事。若你們再也受不了蚊子，我只會允許點蚊香。不同意的話，不要再來寺院也沒關係！』他們勉強答應以後，買了很多的蚊香。但是你們猜猜看發生什麼事呢？當我們連夜祈禱時，在旁邊點蚊香的信徒們都被咬，相反的，沒點蚊香的我一點也沒被咬。

「當我們竭盡所能地努力保護生命時，奇蹟會發生的。如果你們盡力保護生命的話，臨終時，這樣的記憶會讓你們能堂堂地面對死亡，而最後一定會成佛。其實我們在這個世界裡能否長壽不是那麼重要。若你只為自己而任意殺生的話，最後無法避免墮入三惡道，而且由於殺生的果報，失去慈悲的種子，最後是無法成佛的。」

欣然接受的鞭子

某日，一位佛教雜誌記者來訪問師父關於懺悔的各種問題，以下就是當天的談話。

記者問：「透過懺悔可減少果報嗎？」

師父以兒時求學經驗來回覆提問。

「我上小學時常常曠課，你們也有過這樣的經驗嗎？當年鄉下的學校在午飯時間時，老師允許學生回家吃飯，所以家住得離學校近的同學們都回家吃午餐，下午再回去上課。可是在上學的途中會經過田野、還有小溪，於是我在小溪玩得很開心而忘了時間。過了好一會兒突然抬頭看天空，又看向學校的方向，才想到我要上學這件事。那時我就趕緊跑去學校，但到教室時下午的課已經快要結束了。當年走廊的木頭地面都被蠟燭擦得很光滑，所以當我使勁跑進去時就滑倒了；而且教室是木頭側推門，一打開門就轟隆隆的。因此我進到教室時，所有的同學跟老師都轉頭看我，我只能低著頭趕快坐下來。

「這時候老師把鞭子拿出來，就是要我準備挨打的意思，我把褲子捲起就站在桌子上準備被打小腿，這就是所謂受報！對於我的行為我應當受到果報的！但是因為我覺得被打活該，所以甘願忍受痛苦！你們要了解這點。相反的，若你覺得又沒做錯什麼，為什麼要被罵被打呢？這樣就沒有真正的懺悔和反省，你一定會憤怒又傷和氣，被打時也會感到極度的痛苦，甚至內心有可能想要報仇。了解差別在哪兒了嗎？

「每個存在都該受報，佛陀也曾經受報。但開悟的人一定會心甘情願地接受果報，因為他能了解開悟之前是如此愚蠢地做了許多壞事，所以內心一

當你真正百分之百懺悔時，你就會開悟了。

點也沒有委屈地樂於接受果報，以廣大無邊的心態和無有問題的心態，欣然接受所有的痛苦、病苦、甚至死亡。真正懺悔的人、開悟的人都能這樣做的。所以能認識到自己的錯誤而心甘情願的受報，其實是很美好的事情。當年同學們都認真的上課，而我也認真的『玩』，老實說內心很不好意思，覺得被打也真的是活該！因此當我被老師打時，內心是可以微笑的。就這樣，若有人真實地承認自己的錯誤，就算他入獄了，一定會很努力洗心革面的。

「懺悔這件事，唯有真實地懺悔，才有意義。你剛剛問我如何實踐懺悔、懺悔的方法？懺悔是完全私人的事情，一定是要打從心底的真心。如果你問我該如何懺悔或用什麼方法，這不是很做作嗎？『懺悔』是自己想要改變自己的事，不管別人說什麼、罵你或讚歎你，絲毫都不重要。若懺悔還需要什麼形式，這真的很做作，不是嗎？拜懺也好，念懺悔文也好，實際上當你百分之百感到慚愧心而下定決心改善自己的那一刻，懺悔就立即完成了。總之，懺悔得要是真正的懺悔，當你真正百分之百懺悔時，你就會開悟了。」

如何放下執著？

當我們圓滿三年閉關時，一對陌生的夫妻特別來參加了法會。他們從來沒見過師父，卻有很深的因緣，那是在閉關期間跟那位太太的大姐的因緣。雖然我們並不認識她的大姐，但她一直很期待能跟師父見面，遺憾的是，她在師父閉關結束前就往生了。那對夫妻為了圓滿她大姐的心願，希望能將骨灰埋在弘誓院。師父明白那位菩薩的虔誠心，所以決定把她的骨灰埋在閉關修行處的樹下。不過那位太太一直很懷念大姐而放不下，以下的文章是師父針對這對夫妻所說的開示。

「放下，這件事是很難的。我們為什麼放不下呢？因為執著和貪愛。那放下的人如何可以放得下呢？如果有人能夠完全地放下，他一定是個瘋子。老實說，在瘋掉之前怎麼可能放下呢？除了佛陀以外，如果有人真的放得下，那就是他放棄生命的意思。不過佛陀的『放下』不是放棄。佛陀是完全地了解之後才放下。佛陀理解了些什麼呢？

「例如有人在夢中到了一座小島，小島上充滿著黃金，所以他帶著許多黃金回家並裝滿整座倉庫。他覺得『從今以後，我什麼都不用擔心啦！』而開心得不得了，然後從歡欣鼓舞中醒了過來。如果他醒過來以後真的很捨不得的話，那他是很愚蠢的。雖然你得到許多的黃金，但發現這件事是在夢裡發生，我們就可以放得下。剛剛有位菩薩說她真的放不下，但當你知道這只是夢境而已時，當然放得下。是的，我們都可以放得下這樣的事情。所以當我們把這世界當成一場夢時，才可能放下。

「其實佛陀已經說過放下的方便法門。是什麼呢？就是無常。無常！如夢幻泡影！這些譬喻都是說明虛妄的意思。你們想想吧！我們都會死亡，這個身體會消失，是不是無常呢？這世界像夢一樣，諸行無常！每人都有自己的願望，希望將來成為什麼樣的人。金泳三總統從小就希望成為總統，他的決心是如此強大，結果他真的當上總統。但是每個人實現自己的願望以後，晚年又是如何呢？他晚年時有可能會說：『人生真的無常啊！為什麼要這麼辛苦呢？如果當初沒實現這樣的願望也很好。』可是我們在實現願望之前其實是無法放下的。

「但佛陀在實現世俗的願望前就能洞察無常的道理，有這樣智慧的人才可能真實地、徹底地接受無常。如果有人可以徹底接受無常，會發生什麼樣的事情呢？當他把這個世界看成一場夢時，才能放下所有的執著。當你認為像夢一樣時，自然而然會放下執著。所以佛陀講了三法印『無常、苦、無我』：諸行無常，一切皆苦，諸法無我。當你認定自己再怎麼有錢也只是個受苦的存在時，才可能放下。當你認為自己會受老病死的苦痛時，才可能再放下。當你好好觀察四大五蘊的我，會發現剎那剎那都在變化，而沒有任何東西可以說是我、沒有固定的實體時，才可能再放下。

1
—
2

1　看一看，此刻你的心專注在哪裡？

2　得人身如爪上沙，珍惜一大事因緣。

4 – 6
5

1 冬降雪，開出一條通往修行的道路。
2 春綻放，李花盛開似雪，聞香喜悅。
3 夏陽煦，依釜山、傍東海，身心舒暢。
4 秋豐收，身體勞動、心也會有所獲。
5 樸實日常，生活才是真正的道場。
6 靜與定，禪師們的閉關修行處。

2
1 —
3

天蔚藍，山勢秀美、壑谷綿延，有著神聖氣蘊的智異山，是見即嚮往的世外桃源。

「對！當我們深深地徹底接受無常、苦、無我時，才可能放下。三法印！我們該把這些事烙印在心底。你想要做的所有行為都是無常的，所有的存在都是會死亡的，沒有東西可以說是我、我的。靈魂也不是我，別想要找到不生不滅的靈魂。你們應當接受這三個法印。當你們開始真實地接受三法印時，才可能從夢中漸漸醒過來。醒來之前，無法知道你們還在夢裡。那醒過來以後呢？放下以後呢？你會統統消失嗎？最後你會理解到所謂的涅槃寂靜，就是佛陀所達到的完全開悟的境界。」

如果有人可以徹底接受無常，會發生什麼樣的事情呢？

我們回家吧！

有位居士問師父：「我聽說有人很喜歡偷盜，甚至出獄以後還是繼續偷盜，無法停止。為什麼他會這樣呢？」

師父說：「因為他已經上了癮，只有偷盜時，他才能感到喜樂和人生的意義。按照各自的意識，每個人都追求各種的覺醒。覺醒意味著我們的意識醒來的體驗。例如，為了覺醒，有些人有可能吸毒，有些人刻意嘗試攀岩之類很危險的事。夜晚經過公墓時，你們都會起雞皮疙瘩吧！這也是一種覺醒。但是透過外在的情境而感受喜樂，是假的覺醒。

「其實我們本來就在覺醒的狀態，但是由於迷惑而無法認識到本來的覺醒。所以，修行者跟一般人的追求不一樣，不會試著做什麼事，反而以打坐就能回去本來的覺醒，大覺！可是愚蠢的人不知要如何回到本來的覺醒，反而透過造惡來追求覺醒，就像好戰狂人也為了一瞬間的興奮感而拚命。你提到的小偷，為了自己的喜樂不斷地偷盜，但是來世他會怎麼樣呢？由於這輩子的惡業，就算得到人身，也一定會成為奴隸來還債；如果得到的是動物身，就會為了主人而被勞役、被打、被吃來還債。所以請不要做這種壞的緣起，因為你會一直在三惡道受苦。」

那位居士再問師父：「當我祈禱時，感到非常舒服和幸福，但不知為什麼我會有這樣的感覺。」

師父繼續開示：「因為你的心合一了，你才能感到舒服和幸福，分裂的心無法讓你舒服和幸福。其實所有的修行都是為了讓你的心成為一體的方便法門。透過打坐、禪修、念佛，你們會感到很舒服而法喜，因為你很專心，你的心也會合一。

「當小偷偷盜時，他很專心一念，他會感到興奮。攀岩時也會很專心一念，所以他們都會感到歡喜。當你放下煩惱妄想，以一念修行時，你會感到法喜。總之，透過修行，你能接近沒有自我意識的地方。所以當你的心合一時，才能發大慈大悲心。一心、一體、慈悲心、不二性都是同樣的意思。

「你們能不能了解如何修行呢？我們要修不二性！

「愛情會那麼誘惑人的理由也是如此。一般人在愛裡才能放下自己而感到不二。但是愛情不會持續，就算你一瞬間感到合一，你的心會馬上分裂而再度感到痛苦，因為世俗的不二性只是短暫的。所以，透過修行，當分裂的煩惱妄想回到一心、無心時，你才能體驗根本的不二性。」

那位居士說：「老實說，當我祈禱時，想到師父的開示，眼淚就流下來。」

師父回答他：「當你如此時，你的心會被淨化，而業障會消滅。你離家鄉很遙遠了，最近才在回家的路上，當然是喜極而泣。這條路是讓你解脫而成佛的路，所以是無法測量其價值的。你正在回鄉的路上，正在回去你根源的過程，你正在走向無有問題的地方啊！請繼續走下去吧！」

禪修可以成為不持戒的藉口嗎？

某個法會日師父特別強調「持戒」。

師父說：「如何脫離生老病死是最重要的。對開悟來說，有可能有各式各樣的開悟。但佛陀證得的開悟是解決生死的問題，從生死得到完全自由的開悟，是指在我面前生死的問題完全消失了的意思。除了生死的問題以外，沒有什麼更重要的問題要解決。為了了脫生死，最重要的事就是皈依三寶，而且一定要持戒。因為我們的意識混濁到無法分別前後，必須透過持戒先淨化自己的心後，才能認識到實相。例如我們看見裝了水的杯子，我們認識到杯子只是杯子而已，裡面的水也只是水而已，從來沒想到這些並不是我們所認識到的樣子。為什麼要持戒呢？要培養慈悲的種子而開悟。佛陀的同義詞就是大慈大悲，真理本身和大慈大悲是不分的。因此佛陀叫做四生慈父，是所有眾生的慈父。佛陀、開悟、慈悲這三者都是同義詞。持戒，能讓自己幸福，也讓別人幸福；沒有持戒，無法讓自己和他人幸福。持戒的目標，就是讓所有的存在，在愛和在慈悲裡過得很幸福。沒有持戒，絕對不能禪修或參話頭，因為禪修就是消滅煩惱妄想，雖以一念追求根源的自由跟幸福，但若沒有持戒是無法消滅煩惱妄想的。」

當師父說到這裡時，現場一位禪修者突然發問。

「在《達摩血脈論》裡說，『佛不持戒，佛不犯戒，佛無持犯亦不造善惡，只言見性。』對於這句話，您怎麼看呢？」

師父如此跟他說。

「如果你問虛空，『你會不會死亡？你會不會被閃電動搖？』它要如何回答呢？當然對虛空來說，一點也沒問題。在虛空裡，有沒有任何的地方是可以貼上善、惡、幸福、禪修、持戒這些名詞的呢？你說的不是這樣嗎？是不是？

「但這樣述說的你，卻還是被生死束縛，不是嗎？要不然你能確定自己是虛空嗎？所以我說透過持戒，該體會如虛空般的空性智慧。當你得到空性的智慧時，你的狀態就是剛剛說的《血脈論》那樣。但在場的人都在執著中，連踏出一小步也沒有，那還需要更高階的法門嗎？直到體驗沒問題得像虛空的心之前，你們應當先淨化自己。自淨其意！

「我常常說，我不喜歡開悟的人。為什麼？他已經開悟了，有如虛空一樣的本性，我喜不喜歡他都無所謂。最大的問題是還沒開悟的人，只會戲論關於開悟的境界，甚至所說的都是廢話。對開悟的本身來說，無論你如何講，它一點問題也沒有，所以你還是立刻放棄戲論吧！

「你還停留在生死的階段，無法脫離生老病死，也還沒解決諸如吃壞東西馬上肚子痛的這些問題，怎麼辦？為了解決這些問題，請跟隨佛法、皈依三寶後，首先要持戒。無論開悟或還沒開悟，持戒能讓一切存在都幸福。所

為了解決問題，請跟隨佛法、皈依三寶後，首先要持戒，讓一切的存在都幸福。

以你能持戒的話，可以利益所有的存在，福報會增長，在生活裡會沒什麼問題和障礙，而且能堅持修行下去。你能這樣堅持持戒時，你的心會越來越清淨，有如撥雲見日，最後你會看到你的本性。」

聽了師父的開示，那位居士看起來還不認錯，再直問師父：「在某禪語錄裡，有位修行者問某禪師，吃肉喝酒淫欲也可以見性嗎？那位禪師回答，我只講本性而已。那麼師父您太執著持戒，是不是也有問題呢？」

師父繼續說：「佛陀四十九年說法，說了那麼長久！但佛陀涅槃時卻說『我一句話也從沒講過！』因為他的心總是安住在般若智慧。但為了受苦的眾生，佛陀講了三乘的次第，讓他們的意識漸漸成熟。禪師只指出本性，所以不需說持戒或次第。那你覺得佛陀講了三乘，有什麼過失嗎？你是不是覺得佛陀不如禪師呢？禪師地位再怎麼高，也都會在佛堂頂禮佛陀，那到底誰更高呢？」

他回答：「開悟的境界都一樣。」

師父看著他說：「雖然開悟的境界一樣，但在彌勒佛出世之前，誰都無法比得上佛陀的大慈大悲和功德資糧。除了佛陀自己，誰都不能做到像他那樣的利益眾生。當有人見性時，都會看到像虛空一樣無有問題的本性。當然佛陀所看到的本性，和地位非常低的賤民所看到的一模一樣。但就『功德資糧』來說，誰都比不上佛陀。對利益眾生的方便能力來說，在彌勒佛降世之前，誰都不能做到和佛陀一樣的俱足方便教化。釋迦牟尼佛和彌勒佛中間的所有禪師們或大師們只是傳承法燈而已。你有看過和佛陀一樣四十九年赤足、處處行腳利益眾生的人嗎？你說說看！所有禪師中有沒有這樣的人呢？怎麼可以和佛陀比較呢？只看到自己的本性，卻說『我跟佛陀平等』的話，真是充滿『我相』的人。雖然看到同樣的本性，在救度眾生的慈悲方便上，沒有人能像佛陀那樣。

「為什麼我會這麼強調持戒呢？我來告訴你為什麼開悟的人這麼少。假設沒持戒的人開悟，那樣的開悟有什麼用呢？如果開悟卻沒有利益眾生，沒有讓眾生幸福，那這樣的開悟有什麼價值呢？就算還沒開悟也能讓眾生幸福，那開悟的人更應當利益眾生，是不是？甚至於吃肉喝酒卻說我的本性跟佛陀一樣？如果這樣做的話，就沒有理由開悟了。不管開悟與否，持戒這件事，真的會利益眾生，是很珍貴的事。

「在生活裡你該做正確的思維，並且觀察『我的行為會不會損害其他的存在呢？』例如你吃雞肉時，請做正思維吧！不要只會說好好吃。正確地思維吧！如果全球的人能一天不吃雞肉，多少的雞不會被殺而可以活下來呢？如果這樣正確思維的話，我們會決定吃素。一整天超過兩億隻雞被殺，只為了滿足人類的口腹之欲。憑什麼這些生命就要被宰殺，而卻只有人類可以開悟呢？就算不是學佛的人，也可以做這種正思維。你覺得是不對的，就馬上停止不正確的行為吧！為了一切生命的幸福，持戒是那麼的重要！由於我們無知無明的三毒心，這物質的現象界才被建立起來。如果在地球上的所有生命都能夠不生起三毒心，這個以假象建立起的地球也將會一瞬間變成淨土。反之，如果我們不停止殺生，災難和衝突不會停止，我們也無法脫離痛苦。你真的想要過得幸福？那就好好深思吧！」

就算盲人摸得到如意寶珠，也無法認識到龍

某日，師父講了一個故事給大家聽。

很久以前，有位國王很有神通能力，什麼都做得到。有一天他帶群臣去盲人住的村子。國王跟臣下們說：「你們看過龍嗎？其實我有能力帶龍來到這裡。可是雖然你們都可以看到它，但這些盲人都無法看到，好可憐喔！不過如果你們願意的話，我會讓你們看看！」

接著國王運用神通變化，把一條巨大的龍移動到村子裡。臣下們看到龍現身都驚歎歡呼，旁邊所有的盲人也都非常好奇想知道到底發生什麼事。於

是有位臣下說明現場的狀況，盲人們也很期待接近那條龍。國王知道盲人的心意，就讓幾百位盲人在龍的周圍排成一列準備摸龍體。

這些盲人都站在龍的前面開始東摸西摸。

國王問盲人們：「如何啊？你們都可以想像龍是什麼樣子了吧？你們形容一下！」

盲人們一個個開始講。摸到側面的人說是濕濕涼涼且有鱗的樣子；摸到角的人說是硬硬彎彎等；摸到尾、眼、腳的人都說得不一樣。其實能看到的人一眼就能看到龍的全體形象，相反的，看不到的人無法看到整體，只是認識自己觸摸到的一部分。雖然盲人對自己摸到的部分可以說得很清楚，但仍然無法想像龍的整體到底是什麼樣子。

老實說，我們修行者都像這些盲人一樣。各自讀到一本《心經》、《金剛經》或《楞嚴經》，就說「這部經典好厲害喔！」；或者是聽到《六祖壇經》裡「煩惱即菩提」、「無念」、「無相」、「無住」等等句子後，若將之當成真理，而固執的以為真理有固定的框架，就是不對的。關於真理，你需要整體的理解，理解以後才能自利利他。

佛陀四十八年來，從四聖諦起，直到涅槃，一直在畫真理的畫稿。但如果你站在階段中間，就誤以為已是究竟，那你就走錯了。我仿照佛陀畫的龍，也在畫一條龍。你們就像玩拼圖的小孩一樣，正在完成真理的拼圖過程。在過程中間，請不要執著固定的概念。因為一旦你執著在固定的框架，就會走錯。所以直到完成畫稿之前，千萬不要斷定你看到的就是真正的龍！

就算我給你最高階的開示，也請你什麼都不要斷定，因為如果這樣做的話，你無法認識到完整的真理。就像一位盲人即使摸到了如意寶珠，也無法

一旦你執著在固定的框架，就會走錯。

認識到整體的龍一樣。所以直到究竟為止，請你繼續聽我所說的。老實說，所有宗派的開示只不過是鱗爪而已。只以一片拼圖是無法完成整體的樣子！直到完成整體的拼圖前，請不要誤以為一片拼圖就是真理，就算你得到一顆如意寶珠，也請不要誤以為是真理。

當你們最後能認識到「爪」也是和「如意寶珠」一樣的那一刻，就會完成畫龍這件事了。能認識到最低的道跟最高的道都是平等的寶藏，真理的圓才能完成，真理才會顯現，才能享受完全的解脫。

請不要對真理戲論，而默默地修行直到究竟吧！

一定需要禪修嗎？

一位年輕居士來請教師父，「師父，您總是強調持戒，若我好好持戒，還需要禪修嗎？」師父針對他的疑問講解如下。

「禪修意味著完美的自由跟解脫，若你追求這種完美，那麼你的持戒也會變得完整。若你為了成為完美圓滿的存在而修行，怎麼可能破戒呢？因此如果你的因地堅固，持戒等等所有的問題其實就會解決。禪修不只是打坐，在行住坐臥、無論你做什麼事，你的心安住在完美、無有問題的地方，這才是禪修。

你的心安住在完美、無有問題的地方，這才是禪修。

「在物質的世界裡，例如空空的天空是完美的存在。對天空來說，無論你跳舞、唱歌、發脾氣或打架，它都是如如不動。當下看看你內心的天空吧！起起伏伏的所有念頭都是在廣大無邊的心裡面發生的事情。現在就看看廣大無邊的心吧！看得到嗎？不管發生什麼事，你是否可以堅持廣大無邊的心呢？隨時隨地，就算生氣也不要失去這樣的心！即使原子彈爆炸也不要從廣大無邊的心離開！因為這個心就是你，狹窄的心是假的心，發脾氣的心也是假的自我意識。你的真心是比虛空還廣大的，這個真心就是佛心、不動心、無量心！

「你有時候會和媽媽吵架吧！那時你的心突然被假的自我意識綁走了而跟媽媽吵架。被四大五蘊關住的狹窄的心正在吵架！無我！丟掉那個小的我！廣大無邊的虛空包含所有的存在而照顧著所有一切。在你廣大無邊的心裡，就像天空一樣，媽媽也被包含在其中，你會照顧著她。所以，除了保持這個心以外，沒什麼好修的！

「可是，實際上在生活裡很難維持這樣的心，常常會忘記，所以我們需要靜坐。透過靜坐，我們得要正確地看到這個心！當你觀察自己時，才能回顧自己。『我是廣大無邊的天空，怎麼可能這麼小氣而吵架了呢？』如此反省自己而懺悔時，你小小的自我意識才能漸漸契合廣大無邊的心。當你能自在地觀照廣大的心時，才會成為觀自在菩薩。偉大的觀自在菩薩怎麼可能碎碎念而吵鬧呢？

「見性是指看到超越時間跟空間的心，廣大無邊的無量心！若你能堅持覺知廣大心時，最後才能成為觀世音菩薩，以三十二應化身利益所有的眾生。」

我是個宰殺「我相」的屠夫！

若有智慧，五毒心就會轉成五智慧。

六道輪迴的「輪」，其車軸就是三毒心，但如果你能把這三毒心的車軸，換成智慧的車軸，輪迴的「輪」就會轉變成八正道的法輪。無知無明就是清淨法身，也是開悟。當你開悟時，五智慧之中最先顯現的智慧就是平等性智。這平等性的智慧與「我慢」密切相關，當「我相」消失時，才會得到平等性智。

代表平等性智的佛稱為多寶如來，為什麼叫做多寶如來呢？因為當你有平等性的智慧時，才能認識到所有的存在都是寶藏。若你能跟多寶如來一樣正確地看，你的「我慢心」就會不見。因為我是黃金、你是黃金、每個存在都是黃金，沒什麼理由還保有我慢心。當你開悟時，你就會認識到本來沒有生死，所有的存在本身都是不生不滅、完美的佛。如果你無法認識到平等性，只有增長「我相」而目中無人地活著，那麼無明的緣起便會持續。

由於無知無明，所以我們會去分別；但事實上所有的存在，都是從我的佛性所顯現的，都由佛性所組成的。當你認識到這點時，才會覺知每個存在都是真理的顯現。那麼從這個開端，智慧的緣起就會開始，和觀音菩薩一樣永遠地做菩薩萬行，大願的車軸才會轉輪。如果你繼續堅持自大，「我相」會變得比鑽石還硬，終究無法打破它。所以我們一定要反省自己、感到慚愧、懺悔、謙虛。

你們有可能已經看出，我最不喜歡的就是露出「我相」的事。和我在一起的修行者，一旦有誰要試著露出「我相」，就會被我嚴厲地罵。其實信徒們從來沒被我這樣罵過，若你像其他法師那樣被我罵，一定會傷了自尊心然後跟我說再見了！但他們沒有離開，因為他們該現世解脫，只好乖乖接受被我罵。不過你們也要徹頭徹尾覺察，當下內心有沒有「我相」這件事，特別是當你和別人在一起時，要徹底覺知現在你說的話、你的行為是否露出「我相」。只要這樣觀察自己，就能得到平等性的智慧了。不然「我相」不知不覺漸漸變大，最後就無法修行下去了。

有些大師們好大慈大悲，誰對他們做壞事他也都默默地忍辱。不過，我跟他們不一樣。我不忍心對方因做壞事而墮入三惡道，因此一定會及早讓他認識自己的錯誤。所以如果你們期待我會對你們好一點，那就早點放棄去別的道場吧！因為我不是那種慈祥的法師，而是一看到你露出「我相」就會打破你。

我是個屠夫，專門宰殺「我相」的屠夫！

如何修行耳根圓通？

如果你們為了世俗上的成功來找我，我就沒什麼好說的了！

因為在三界裡，所有的存在都無法成功。其實我們人類的層次比較低，三界就像三十三層的高樓一樣，我們只是住在第四層樓而已；而六樓以上的世界是我們無法想像的，是沒有病、長壽、美好、幸福的世界。但是就算住在這麼厲害的世界，最後一個存在也不會得到真正永遠的福樂，而且也無法成功。因為死亡正等著我們，我們都會死亡，就算活了幾萬年，最後仍然一定會死掉。所以佛陀已經告訴我們脫離生死的道路，就叫做八萬四千方便法

透過耳根，我們能覺知圓滿、恆常、圓通的本性。

門。佛陀在這些法門之中，特別為了末法眾生、為了很愛計較的眾生，於《楞嚴經》裡講到「耳根圓通」法門。我們看所有的佛像，會發現佛陀的耳朵很大，表示所有修行的方便法門之中，透過耳朵的法門是最殊勝的。為了開悟，我們都要好好的聆聽！

為什麼耳根是最殊勝呢？我曾提到過耳根圓通的「三真實」，還記得嗎？分別是「圓真實」、「通真實」、「常真實」。如果有人在後面叫你，你要轉頭才看得到，這意味著眼根未圓滿；耳根卻能聽到前後左右所有的聲音，所以是圓滿的。但是聽到的並不是耳根，而是本性，所以可以說，透過耳根，我們很容易覺知圓滿的本性。

當有人敲鐘時，鐘聲一陣子以後就會消失；那麼你沒聽到鐘聲時，能聽聲音的本性也消失了嗎？當再度敲鐘時，還是會再聽到鐘聲，這就表示能聽聲音的本性跑到很遠的地方以後再匆匆地跑回來嗎？當然不是！雖然聲音有生滅，但是「能覺知有聲音、也能覺知沒有聲音」的本性，哪裡都不會去，一直都在。透過耳根，你能覺知常住不變的本性。你們都能了解沒有生滅、沒有來去、恆常的本性！身體會有生老病死、來來去去、生生滅滅。但是當透過耳朵回到心的根源時，你會發現本性一點也沒有被動搖。

不管開悟與否，你先要了解這樣的本性，先要有正見！我們的本性原來是這樣啊！而且所有的存在、整個宇宙、真理原來都是這樣！沒有生滅，沒有來去！當你覺知這樣的本性時，以前沒有的新意識才會覺醒，你才能漸漸了解八萬四千法門的核心，才可以說無明的存在從迷惑中醒過來，你們就都能了解《心經》裡的「不生不滅，不增不減」！

對第三真實來說，如果有人在外面叫你，雖然窗戶和門都關著，你也會聽到。這具身體只有門打開時才能出去，但當聽到聲音時，不需打開門卻能聽到，為什麼？因為我們的本性原來是無礙、通達的！但是將這個身體誤以為是我，就會認為自己是不通的。假設現在這裡有像大樹一樣巨大的大銅線在，你可以穿過大銅線嗎？一定不能。但電氣卻能通過大銅線。我們固定的概念讓我們變成無法「暢通」的存在，但我們本來就是完全暢通的存在。總之透過耳根，我們能覺知圓滿、恆常、圓通的本性。這樣的覺知讓你從迷惑中醒來，藉由這樣的覺知，錯誤的概念會瓦解，新層次的意識才會扎根。新層次的意識是什麼呢？是走向真理的意識、接軌真理的意識，也就是佛陀意識。如果你好好修持基本的修行，透過耳根圓通，就會很容易體驗到這樣的本性！

誰要專注呢？

有位從美國來的菩薩，年輕時是個弦樂演奏者，師父想讓她修行耳根圓通，便跟她說：「請嘗試同時聽十方的聲音。」過了幾天以後，師父檢查她的修行，給了如下的開示。

「你剛剛說，『當我專注於聲音的那一刻！』這句話意味著你嘗試用自我意識去聽。我讓你同時聽十方的聲音並不是為了要讓你專注，因為專注只會讓你的『我相』變得堅強而已。我讓你同時聽十方的聲音，是為了使你完全放下自己。因為你的心充滿好惡的概念，無法同時聽到十方的聲音。唯有

你放下自己時，才能同時聽得到十方的聲音。所以，同時聽到十方的聲音意味著完完全全地放下自我。

「有些人指導修行時說『你要以一念專注』，但是這樣的專注就是自我意識做的事。透過專注絕做不到『扒光所有的一切而完全赤裸自己』這件事！只有當你完全地放下『我相』時，才能做得到！不過在放下『我相』之前，就算看起來已經失去了它，事實上它仍隱藏在某個角落，等機會來到就會突然地跳出來，而且還會翹首驕傲！自我意識就是個王八賊！這壞蛋一直惹事生非。

「佛教講的是無我嘛！可是是誰要專注呢？只有自我意識要專注！所以一開始你就走錯了！我們都要跟隨著佛陀的腳步。釋迦牟尼佛六年之間，專修誰都無法比得上的苦修以後，他下了結論，透過苦行絕無法開悟。他摒棄苦行，來到泥連河邊，入河沐浴，受到善生的奶粥供養，虛弱的身體恢復了，最後在菩提樹下結跏趺坐。佛陀放下所有的一切，開始覺察而回顧自己，深思『什麼時候，我的心最安定而入禪定三昧呢？』於是佛陀想起了一個小時候的經驗。

「有一天悉達多太子在出遊的途中，見到一位農夫用皮鞭抽打一頭牛，那頭牛流血了卻還要耕田；在土地裡蟲子都被翻起來，有些小鳥就飛來啄吃牠們，之後其中一隻小鳥又被鷹抓走了。悉達多太子看到這些淒慘痛苦的樣子，從心底湧出來深刻的悲哀。對於所有存在的死亡痛苦，他湧出自內心的悲心。於是，因為這樣的悲心，他自然而然深入自己的根源，入禪定三昧了。因為在真正的悲心裡，是沒有自我意識的。

「你要深思這點。如果透過修行，你的自我意識卻變得更強烈，即意味著你走錯了。修行的核心就是觀察自心，你得要觀察你的心，特別要觀察自我意識怎麼作用。當你看破自我意識時，才能開始正確的修行。」

突然生起壞念頭時，該怎麼辦呢？

夏天的某日，有位年輕的佛弟子來訪師父、請教私人問題。她跟爸爸的感情不太好，常常跟爸爸吵架，甚至有時候內心不知不覺升起「如果爸爸死掉就好了」的念頭。她自己也知道這樣的念頭不是她的真心，可是念頭卻無法控制地生起，讓她感到罪惡。師父針對她的問題如此說明。

「你需要先理解我們心識的特性，唯識學所說的『圓成實性』、『依他起性』，還有『遍計所執性』。其實在我們的腦袋裡有許多不同的空間，由於依他起性和遍計所執性，第一次看到不認識的人事物，腦袋就會製造新的儲存空間；再看到類似的人事物，就會把這些情報放在已經打造成的空間裡。我們的習慣也是這樣造成的。第一次喝酒、喝咖啡、抽煙時，這些東西其實不太吸引你，可是由於有了舒壓的經驗或氣氛等等原因，我們會漸漸執著起來。如此一來，在腦袋裡打造了酒、咖啡、煙的空間，就會漸漸擴張勢力。

「一旦形成了勢力，就像你剛剛說的不知不覺生起的念頭一樣，即使你不願意，壞念頭還是有可能突然跑出來。要如何能阻斷往老地方的去路呢？在壞念空間的路口處，你該建立另外一個新空間。例如，當壞念頭生起時，立即懺悔的話，你的意識就會轉向新空間而不是走去老地方，最後你就能阻斷老路。我們修行上轉方向也是這樣！先要建立一個和佛陀有關的空間，然後要有智慧地修路，修得滑溜溜地來擴張這個空間。如果你很努力減少世俗的習慣而增長佛陀的習慣，往佛陀空間的去路就會變得滑順；結果不知不覺地，走去佛陀的空間的機率變得更大，而在你身心裡，真理就會扎根茁壯。

「你聽過『熏習』嗎？當你修築往佛陀的路修到像高速公路那樣順暢時，

請堅持繼續修簡單的正路吧！

即使你不想去，也會自動走向這條道路。你每天真實地懺悔，有一天一定會切斷了老路。所有修行的秘訣就是堅持下去。例如你每天早晚按時念《每日祈禱文》，也一定會切斷老路。為什麼我讓你早晚念呢？若你起床之後就虔誠地念，雖然一整天都很忙碌，但它會影響到你，因此你會不知不覺地走向佛陀的路。還有當你晚上睡覺之前虔誠地念的話，它也會影響到夢中的你。當你堅持『持戒』、『吃素』、念《每日祈禱文》時，就會很容易地修這條佛陀的道路！

「老實說，很多的修行者不知道這麼簡單的道理，卻東修一點、西修一點，結果就像迷宮一樣，在腦袋裡修了四面八方的路，最後有可能變成精神病患者。我聽說有些腦瘤患者堅持念《每日祈禱文》以後，腫瘤不見或縮小了，因為每日祈禱文的內容會讓你走向正確的道路！千萬不要誤以為佛法是很高不可攀的。

「請堅持繼續修簡單的正路吧！請堅持皈依三寶、持戒、吃素、念《每日祈禱文》吧！這就是最簡單又最好的修行方便啊。」

呼吸裡的呼吸

有一天，專注於修行呼吸法的一位菩薩來訪師父。

其實早在三十年前，師父就跟她說過「觀察你的呼吸」，而後竟然過了三十幾年的時間，她才有機會被師父檢查修行。師父問她一些問題以後，給了她如下的開示。

「純粹而虔誠的人，透過呼吸的修行，其實很容易開悟。開悟了些什麼呢？透過呼吸修行，有可能覺知你的意識在身內、也在身外；存在、也不存在，開始覺得『這四大五蘊可能不是我！』然後你才能確定形象不是我、名

純粹的人透過呼吸修行，就會得到正知。

字不是我、分別心不是我，最後便能放得下對身體的執著、對五蘊的執著。

在此階段，空性的智慧才會產生。呼吸是超級微妙又超級細緻，而且呼吸是一座橋樑，連接著真理的世界跟物質的世界。就算我們常說身體是由四大所組成的，但是，一般人只能認識地、水、火是我，其實不太認識風是我。不過，透過觀察呼吸，你的意識能超越『地、水、火』的物質世界，進而認識到空。

「《金剛經》裡提到的『如夢幻泡影』、『應作如是觀』，或者《心經》裡提到『遠離顛倒夢想』，都是在教我們空性的智慧。透過呼吸，你才能把現象界當成如夢一般，才能認識到空空無礙的自己。那時會產生的智慧是正確的智慧，世俗的智慧都是無知無明的智慧。如果你去分別『這是樹、這是石頭』而當真了，就是無知的分別智慧。反之，若你能把現象界看成如夢、如影子，才是正確的智慧。

「從正確的智慧開始，若長久堅持觀察呼吸，最後會得到完美的解脫。就好像如果我指著理髮廳外面的燈說：『你看！』你只會看到紅、藍、白色光影旋轉的樣子，絕對不會看到燈內不動的燈管；你只會認識到有形象、活生生、動搖的樣子是我，可是我讓你看的並不是光影旋轉的模樣，而是不動的燈管！透過呼吸修行，我要你覺知不存在的你、虛空身的你！不存在的你卻能思維、動作，就是不可思議的存在啊！可是你到目前為止沒想到這樣的境界，一直和『呼吸』玩，還說『觀察呼吸時，身體如何……，感覺如何……』怎麼辦呢？

「《楞伽經》裡提到的五法分別是『名、相、分別、正知、如如』。『名、相、分別』是世俗的真理。若你想要超越世俗、超越痛苦的世界，一定需要正確的智慧。純粹的人透過呼吸修行，就會得到正知。純粹而真實的人，透過觀察呼吸，很容易發現我不是名、相、分別的存在，而是空空無礙的存在，人生就會變得『如如』。可是世俗人無法放下名譽、外貌、分別心，卻說為了健康而修練氣功、丹田呼吸法之類，佛法的呼吸法不是那樣的！透過呼吸，讓你覺知不生不滅、無礙、無有問題而得到永遠的自由！了解嗎？」

修：
又被騙了！到底如何修行？

害怕寂靜的理由

有一位居士來拜訪師父。

他跟師父說：「最近我很常打坐，因為老了，睡眠比較少，所以可以很早起床。但是我發現我很怕面對寂靜。」

師父因著問題而回答如下。

「如果我們進入生死根源的話，會更加感到害怕。因為在寂靜的狀態，自我會消滅。煩惱都消失以後，進入寂靜的境界，你的自我才會消滅。你聽過『無生法忍』嗎？你到菩薩地的話，你會體會『無生法忍』。這『無生法』

佛陀的果就是完美的果子。

的意思是沒有出生的意思，是指你自己的消滅，但是普通的人無法忍受這種情況，因此稱它為『無生法忍』。每個人都無法承受自身存在的消滅，這個自我很怕消滅而不想深入寂靜的境界。我們都誤以為假的自我的消滅等於真正的自己的消滅，所以我們都很害怕。

「我們覺得自我的消滅就像死亡一樣，所以很害怕面對死亡。佛陀得到了涅槃，涅槃的意思是什麼呢？就是煩惱的消滅。其實煩惱的消滅就像自我的消滅一樣，因為煩惱從自我而來，我們很怕深入這種境界。所以『無生法忍』的『忍』字，意思很重要。為什麼用『忍』這個字呢？因為一般的人無法承受無生的情況。你想一想吧！自我消滅時，你自己也會消滅嗎？在靜坐時，想一想吧！你應該好好準備喔！

「老實說，這一輩子我們都還有好多想做的事，因此我們無法超越寂靜的境界而猶疑不定。『好好準備』意味著把想要做的事趕快做完，所以你先要徹底觀察你猶疑的情況。若你的因地很堅固的話，你最後可以超越這種情況。比如說，栗子樹上的果實有很多刺，為什麼果實的刺很多呢？因為想要保護栗子、不讓大家摸；但是當果實成熟的時候，它自己會自然打開，那時候栗子就很容易掉下來。你的自我意識也會在成熟的時候就自然而然地放下，自然放下的過程其實是很美的。

「尚未成熟的栗子不會離開樹、也不會掉下來，此時若硬要掏出果實的話就會被刺到，因為成熟以前就掉下來的栗子是壞掉、沒有用的。我們的自我意識也是這樣，還沒成熟的自我意識是沒有用的。所以我們要先讓人格成熟一點，因為在成熟以前是無法解脫的。我們的自我意識需要先改變得很尊貴，像佛陀般的尊貴，然後自然地就會解脫。佛陀的果就是完美的果子，是完全的自由跟解脫。如果你按照佛法堅持修行下去，就能更進一步的超越這種情況，因為這不是自我的消滅，而是永遠的自由。我們都要美好地超越。不要著急、也不要懶惰，一步一腳印地走，美美的超越吧！」

放生自己的生命

有一天師父帶著一群家人來到釜山的海邊，剛好經過一家海鮮餐廳，就買了些在餐廳水族箱裡即將被宰殺的魚來放生。

他們從來沒放生過，但放生後卻感到無法形容的喜悅。師父在海邊對他們如此說。

「非佛教徒看到放生魚的行為，有可能會說，『就算你們放生了這些魚，一陣子以後牠們都還會被抓、被吃，有什麼用呢？』但是放生不僅是外在的行為，也是內心的事情。其實在每個人的無意識世界裡，就好像被囚在牢房一樣，充滿了某種被拘束的東西。在暗暗的無意識世界裡，八萬四千各式各樣的東西正被拘束著而無法解放。但是一般人無法往內看自己，所以藉由外在的放生行為，在內心深處裡被囚困的東西也會解脫。透過放生，不但讓外面的這些魚可以活著，而且讓內心還沒解放的東西也能解脫，這就是內心的放生。

「所以當你放生一條魚而看到牠開心地游出去時，如果你能往內看自心，會發現內心被拘束的東西也和魚一樣得到自由了。我們佛教徒通常說這個世界如夢、如影子一樣，是虛妄的世界。那麼不是如夢、不是如影子般的世界是什麼樣呢？因為有實相，影子才能存在。脫離影子的世界就是華嚴的世界，就是無垢清淨、真理的光明世界，是從所有的束縛中擺脫的世界，是從假的自我意識裡脫離的世界。華嚴的世界才是真正的放生，因為物質的世界被五蘊困住，且一定會腐爛、破壞、受苦、悲傷、哭喊。我們心的光明、真理的光明、無垢清淨的光明，因為無知無明的迷惑而變成物質，但我們一步也沒有從物質的世界踏出過，反而把物質的現象界當成真實。我們都被這樣錯的觀念，所謂的惡咒給囚住了。

「佛陀已經告訴我們如何脫離無知無明的世界、錯覺的世界、執著的世界，但大部分的修行者都還停留在某種階段，而不想更進一步。千萬不要說沒空修行，在整個宇宙裡，時間無邊、空間也廣大無邊，怎麼能誤以為自己是百年之內該腐爛而消滅的存在呢？你不該是會死亡的、受苦的存在，而是該享受永遠幸福與自由的存在。

「你應當讓你的生命走向永遠地、無有阻礙、無有問題的光明：華嚴的世界。」

家人會是修行的障礙嗎？

某天，有個學佛的小團體來訪。其中有位菩薩結婚以後，因為養育孩子很辛苦，而且老公不太協助她學佛的活動，所以內心很後悔結婚。她在開始吐露自己的苦悶時就哭了。師父針對她的心結開示如下。

「當我們遇到佛法，誰都會後悔過去愚蠢的日子。但是我們的起點一定是在當下，不要逃避、迴避現實的生活。你應當從當下起去解決所有的問題。若你的理想跟生活的差距那麼大，會越來越受苦的。我也跟你一樣，兩個孩子出生以後才遇到佛法，若我早點遇到佛法，一定不會結婚的！我這樣說，玄玄法師應該很尷尬吧！（大眾都笑了）不過其實我覺得透過孩子的因緣，反而更能好好修行。即使原本是惡劣的條件，也會因為你的智慧而變成良好的條件。

「釋迦牟尼佛也是這樣。當他想要出家時，兒子出生了，所以取名為『羅侯羅』，就是『障礙』的意思。但是反而因為羅侯羅的存在，釋迦牟尼佛才能出家，因為他的兒子會替他傳宗接代。所以請不要有負面的思維。『若我沒結婚有多麼好，沒有他，我一定會修行得更好！』完了！這就是負面思考。但是若你能把負面思考轉變成百分之百的正面思考，你的先生和孩子都會變成你修行最好的善知識。從今以後，完全地轉變認為『他們是障礙』的想法吧！

「其實轉念就像轉手一樣，外面的世界什麼都沒改變，但是你的心態就改變了。開悟也是這樣！我常常說，我們得離開假象、痛苦的世界，不過脱離的方法並不是消滅世界；這個世界還是原貌，只是你的想法改變了。所以我說，『這是在沒踏出第一步之前就能得到的！』所有的問題在於『看錯』，如果你能正確地看，所有的問題馬上就解決了。

「我剛結婚後、玄玄法師出生時，我們住在山坡的棚戶區。當年貧窮的人都住在山坡的小房間裡，密密麻麻地群居著。我晚上加班後回到家，玄玄就開始哭，因為她有中耳炎，但我沒有養育的經驗，也根本不知道她哭的原因，就抱著她跑去山上，等她停止哭泣、睡著了才回家。因為所有鄰居隔日一早都要上班，我很怕吵醒他們；結果是我沒法睡覺，隔天也還要上班。不過也因為這樣吃苦的日子，我才能變得更成熟，能夠理解對方的痛苦。

「只要你心甘情願地接受現實，所有的境界就會變成好處。所以請你不要認為家人是修行的障礙！如果你討厭、冤枉家人，這真的不行！因為每個存在都擁有成佛的可能性！請你想像你老公很久之後、數萬劫後成佛的樣子吧！我們都是偉大的存在，都是黃金。

「釋迦牟尼佛前世修行時，當他遇到每個人時，同時也看到他們將來成佛的樣子。他如此確信每個存在的佛性而不敢瞧不起他人，因此是所有的菩薩中最先成佛的。若你和他一樣，對你家人如佛陀一般恭敬而付出，那麼你一定會很早就成佛。這就是偉大的平等性智慧。

「相反的，若你看不起家人，保持『沒有你，我已經成佛了！』的想法，就無法開悟。千萬不要逃避或計較！

「『西來祖意最堂堂！』從西方來的達摩祖師的心意就是最堂堂正正的！請以最堂正的心態、以大的肯定、最正面的思考來面對現實！」

只要你心甘情願地接受現實，所有的境界就會變成好處。

覺知當下？還不夠！

一位法師來請法，提問，「不知我覺知當下是否就是正確地修行？」

以下是禪師跟那位法師的對話。

禪師：「你覺知的心並不是佛陀所說的心，不是佛陀要告訴你的心，而是識心妄想。你覺知的心是識心、是計較的心、是充滿煩惱的心，是任何時候都會變成煩惱和痛苦的心。這樣的心不是正確的心。只是覺知當下，並不是佛陀所說的心法，而且也不是祖師們所說的心。」

法師：「那祖師們所說的心和佛陀所說的心不一樣嗎？」

禪師：「不，是一樣的，祖師們和佛陀講的是同樣的心。不過你剛剛所講到的能覺知到的心，不是祖師所說的心，也不是佛陀所說的心，只是識心妄想而已。這樣的識心總是伴隨著煩惱和痛苦。所以識心並不是佛陀所說的真心，是假的心、是沒用的心。越是使用這樣的心只會有越多的痛苦，使煩惱沸騰。佛陀所說的心不是這樣的心，反而和這樣的心一點也沒有關係。我們一定要看心的根源，本性的心。」

法師：「我說的不是起起伏伏的心，而是覺知的心。」

禪師：「那真心是什麼呢？你說吧！修行過程當中有可能見性，但你該明白確認所看到的是不是本性，因為只有你自己很清楚地了解以後，才不會動搖。你說說看！有條有理地說！」

法師：「我明白這些起起伏伏的心不是本性。」

禪師：「那你要看到本性！看到非本性，有什麼用呢？」

法師：「就是這個！」

禪師：「你剛剛說就是這個，若你明白是這個的話，那為何痛苦還跟隨著你呢？為什麼？」

法師：「因為習慣。」

禪師：「那你如何改變習慣呢？改變習慣的方式是什麼？」

法師：「一定要看我的心。」

禪師：「你不是說已經看過你的心嗎？」

法師：「一定要覺知識心。」

禪師：「要覺知識心？不是要覺知識心，而是不要遺失和識心無關的心，不要遺失和煩惱無關的心！」

簡短問答後，禪師繼續說：「只要保持這個心就足夠，其他的心都是煩惱妄想，如影子、如夢一般，不需要跟它們一起玩。如果你看清楚了你的心，最重要就是保持這個心。你剛剛說過因為習慣而無法保持，那如何改變習慣呢？我們都能覺知當下，例如當吃飯時，你能覺知『我吃太多了』，但這樣的覺知會讓你改變習慣嗎？只是覺知，是無法改變習氣的。怎麼可能改變呢？

不需要跟如影子、如夢一般的煩惱妄想心一起玩。

「法師，請你要深思而且試著有條理地表達。我想要讓你清楚明瞭真實意，我希望能幫助你能解決所有的問題。你需要將問題連根拔起，只是覺知是不會讓你解決問題的。只是覺知不會讓你的習慣改變的。除了覺知以外，還需要什麼呢？光只有覺知是不夠的！」

法師：「我到目前為止，當起心動念時，就只是覺知它，把它當成不是從外境而來，而是自己的種子識作祟。」

禪師：「不需提到種子識，這都只是知識罷了。你能不能覺知到種子識的生滅呢？現在的你還無法覺知，因為它是很微細的部分，現在的你只能認識到六粗煩惱而已。只有當你進入菩薩地，才能覺知到三細煩惱。你現在無法看到內心微細的部分，只是用頭腦計較而已。首先我們要從很粗的部分開始覺知。只是覺知還不夠，重要的是覺知後如何實踐。每天只是覺知，怎麼可能改變習氣呢？」

法師：「要懺悔，然後……。首先要懺悔。」

禪師：「改變習慣，尤其舊習慣真的不容易改善。」

「出家修行者一定要盡力改變習慣。可是改變習慣是不簡單的，所以我才常說要建立佛陀的習慣，培養佛菩薩的習慣。一般人早起做早課很難吧！因為他們還沒這樣習慣，而且還不知這樣做的好處。相反的法師們已經習慣了，而且明白這樣做的好處，所以可以做得到。如果睡晚了就會覺得很可惜，早起了就很開心。已經變成習慣了，所以是做得到的。

「我們要經常思維佛陀的一生，然後也要努力培養和佛陀一樣的習慣。認識到自己的心不難。就算還沒開悟，你理論上也能知道我的心是什麼樣的。不過只是瞭解自心都沒用！先瞭解你的心是什麼樣子，然後你也瞭解如何運用在生活中，才是真正的開悟。若只是看到心，那還不是開悟。

「當你看到你的心、你的本性時，你會認識到本來圓滿俱足、無有問題的心。唯識派稱這樣的本性為『圓成實性』，圓成實性就是圓滿俱足、無有問題的心。如果只有這樣的心，不需要什麼努力修行。但是我們的心不只是圓成實性，由於無知無明，還有『遍計所執性』和『依他起性』。問題在於如何運用依他起性、如何消滅遍計所執性。你應該要清楚瞭解這點。

「消滅遍計所執性的核心是什麼？」

法師：「消滅我相吧。」

禪師：「不對！你該正確地瞭解！」

「為了消滅遍計所執性，就不該用識心妄想！要知，就需正確地知；要修，就需正確地修！不要用識心妄想！所有的現象界都是到處計較的、執著的。例如，有人聽說人蔘是長生不老的營養品，那他就會計較且執著這個觀念而狂吃，這就是遍計所執性。因為這樣的觀念，才會產生遍計所執。

禪師：「那依他起性呢？」

法師：「消滅自他的分別吧？」

禪師：「怎麼辦！這樣修行是沒用的！依他起性就是因緣緣起。」

「如果你瞭解依他起性的話，就不要結世俗的緣，只結佛陀的緣。依他就是依賴而產生的意思，所以不要結壞的因緣，只結好的因緣。一依賴就會展開因緣緣起，所以如果你瞭解這種特性，就不會結不好的因緣。要締造最好的因緣緣起，就是結一大事因緣，所以我們應該締結和佛陀有關的因緣緣

不要結世俗的緣，只結佛陀的緣。

起。如何消滅遍計所執呢？就是不要把現象界看成是真實的，要是把它當成如夢、如影子一般，不要認定而執著任何的境界。外境都像夢一樣，所以不用識心計較。

「亡所！千萬不要認定任何的境界，所有現象界的一切諸法都是空。如果你這樣正確地看，就不會被外境牽走，才能解決遍計所執。運用依他起性是只去造好的因緣緣起，只結佛菩薩緣而好好修行！不要結世俗的緣，不要依賴世俗的因緣。你要正確地瞭解，不要馬馬虎虎的。關於圓成實性，沒什麼要解決，因為它本來如是。但是關於依他起性和遍計所執性，我們則要正確地思維。瞭解嗎？」

法師：「遍計所執，就是對任何的外境不起是非的意思嗎？」

禪師：「當然啦！你沒讀過《金剛經》嗎？『凡所有相皆是虛妄，若見諸相非相，即見如來。』該把所有現象界當成如夢、如影子的不實在，那麼怎麼可能接受這個、不接受那個呢？不要起是非分別心！遍計所執，是指你用識心去分別的妄想、去計較的所有觀念都是外境，所以不要認定它。只要這麼做就能解決遍計所執的執著和貪愛。」

法師：「可是佛陀說過，當我們一起過大眾生活時，有時需要正確地看、分別和提出。」

禪師：「這算是依他起性。在這點，需要正確的分別心。但是，你若想要轉往真理的方向，對世俗的事情，就不要有是是非非。直到見性成佛前，我們要堅持只做和佛陀有關的因緣，是什麼？是六波羅密、八正道等等。你一定要好好持戒，因為五戒、十戒、沙彌尼戒、比丘戒都是走向開悟的因緣緣起。能這樣做到就是正確的分別。六波羅密、八正道、持戒都是好的依他起性，因為會讓你走向開悟。看見本性這件事，誰都可以做到，瞭解嗎？所以見性沒什麼好驕傲的！重要的是你開悟後做什麼。雖然文殊菩薩是所有智慧的老師，但如果文殊菩薩沒有普賢行，開悟是沒有用的！還有，你們都很喜歡覺知當下，但是只有覺知當下是沒有用的！你們該瞭解的是覺知以後如何實踐！瞭解嗎？」

第三部

證：我是微笑，讓你自由

什麼是大信心？

有位居士請示問題：「當師父在說明本性時，我很了解而且非常法喜，但在生活上卻感到實踐八正道是不容易的。如果我只有堅強的信心，能不能也看到自己的本性呢？」

師父說，「其實只要有大信心即可，但你們都沒有大信心。」

師父指著一旁的老菩薩說，「她吃素多年，連五辛也沒吃，她能這樣堅持可以說是對佛法有信心。但很不好意思的是，我跟她說其實你一點信心也沒有！如果連她都不算有信心的話，其他人的信心度就更不用說了吧！當然她對佛法也是有信心的，才能長久茹素。」

「佛陀說的『真正的大信心』是什麼樣的信心呢？

「佛陀說的大信心就是相信佛陀所說的：你就是佛！你不是死亡的存在！當下的你就已經是完美的！你已經擁有完全的解脫和自由！在踏出第一步之前，你就已經是完美、圓滿俱足的存在！

「如果你有這樣的信心，在修行上就不需要再做些什麼了。我們都要把這樣的信心在心底扎根！當你保有大信心時，你就能放下一切，所有的執著就會跟著消失；無論發生什麼事，以大肯定的心態就不會有問題。你已經是完美的存在，什麼執著、貪愛、不安、恐怖、恐懼又怎麼可能還在呢？只要對佛法有真正的大信心，所有的問題都會消失的。

「不過這位老菩薩還有一個問題，她的小兒子都已經四十好幾了，她還是很擔心小兒子而無法放下，所以我才說她的信心還不是大信心。只有透過大信心，你才可以開悟！當你好好觀察自心時，才會發現你從來都沒有信心，沒有佛陀說的信心。

「所以佛陀講方便法門讓我們的信心漸漸地成熟，但是到最後呢？在靈鷲山，信心不夠的五千多位比丘、比丘尼等離席後，佛陀才對剩下的充滿信心的人們，講解《法華經》的一佛乘。那時佛陀就說了，即使是當時堪稱智慧第一的舍利弗，去思維佛陀的智慧，也不一定能完全了解，因為佛陀的智慧是深不可測的。所以在《法華經》裡，佛陀多了這句話，『你們都應當信任佛所說的』。雖然舍利弗是智慧第一的弟子，但連他也無法了解所有佛陀的智慧話語，我們又怎麼能說要先了解後，才願意信任呢？

「你們聽過毒箭的譬喻嗎？當你中了毒箭時，應當馬上拔掉箭，不然你會中毒死亡。但你如果固執於『是用什麼造箭？箭羽是什麼鳥的羽毛？箭的毒性如何呢？』、『在搞清楚之前，我不要拔掉它！』，那你一定會死掉。

「一天當中，可能有許多人意外車禍死亡，我們都無法確定明天是否還活著，所以請不要太過於分別！你已經知道佛陀出現了，而且你覺得可以信任佛陀，就請堅持相信下去吧！我們已經完全地在真理裡了，只因為我們的迷惑，還無法接受這件事。持著大信心、做佛陀的事就對了！但我們太有分

只要對佛法有真正的大信心，所有的問題都會消失的。

別心，一直在煩惱妄想裡而無法成佛。其實我們已經擁有完全的自由，卻無法馬上享受；因為『我執』，我們誤以為這個身體是我。佛陀說，你並不是這個身體！但你卻不相信佛陀講的話，所以我們的信心是假的、是表相的。」

一開始提問的居士再問師父：「那，開悟也是妄想嗎？」

師父回答他：「譬如你晚上走路時，在路上看到一條繩子而誤以為是蛇。但一陣子以後你發現了那不是蛇、是繩子。那麼，你已知道了它是繩子，就不需要再一次說『這不是蛇！』，對不對？」

「開悟就像這樣。當你開悟時，你就會發現由於迷惑、弄錯了，才需要消除迷惑，如果你一開始沒弄錯，就不需要開悟。但在開悟之前，你是無法了解生死本來就不存在的，所以還是一定要開悟。（**雖然蛇原本就不存在！**）」

師父的秘密

某年冬天，在釜山的開示法會，有位菩薩問師父：「我已皈依三寶，且永遠地皈依師父，如果您覺得我的問題很奇怪不回答也沒關係。我認為能遇到師父，並且聞法，是人生當中最大的福報。最近我看到一個影片，有人有神通而且能醫病或消滅別人的災難。但我聽說三十年前當師父有神通時，卻很認真地祈禱自己的神通可以消失。您為什麼要那樣做呢？」

師父微笑而如此回答：「這件事是個秘密，終於該說出口了！

「當我看到我的心的那一天，想起了所有過去生的事。隔天我就出去爬山，七天都沒吃東西，只是慢慢地走路，開始觀察自己。當時我連怎麼禮佛都還不知道，更沒聽過 Vipassana。但是那天我的意識突然覺醒了，開始跟前世的修行接軌。一般人爬智異山，花一天就夠了，我花了一整個禮拜，你可以想像我走得有多慢。當我慢慢走時，就在寂靜裡觀照我身心的每個動作和每個念頭。

「我到達山頂時，有四、五個男女正坐著聊天。當你們身處於智異山的山頂時，會感到有點失望，因為那裡一棵樹也沒有，只有石頭和一個三角點基石而已。我靜靜地坐著，環顧四周的那一刻，竟然看到那些人的念頭。我看到他們所有的念頭，以光的形象顯現，其中有人的念頭甚至像匕首的樣子，正射向對方。我非常驚訝，也才發現我們的心可以多麼嚴重地立即影響所有的存在。老實說當時我受到了很大的打擊，然而也因為那天的打擊，我才認識到如何運用心念有多麼重要，如果不好好使用就可能傷害了別人。

「你們想一想吧！如果還沒降伏自心的人有了神通，會怎麼樣呢？為了滿足自己的三毒心，他一定會運用神通，結果有可能傷害到別人。因為只要起一個念頭就會影響整個世界！念頭可能是殺對方的，這是我親眼看到的。不但看到現場這些人的念頭，而且看到所有存在的念頭的能量如何影響整個世界以後，對我來說，第一個體悟就是『我應當好好運用自己的心。』

「我才發現真正的學佛就是善用自己的心。因為三毒心，就算有人很認真地修行，也可能不經意傷害了世界。那天我下定決心，我絕對不用神通，我只要調伏自心且正確地修行下去！當時我也有點神通了，但下定決心不被神通勾引！因為你提出的問題，現場的人都知道我的『秘密』了！你們都了解嗎？佛法就是心法。

「你們可能聽過有人在山上很努力祈禱後有了神通，或者是修行很久的人突然有了治療的能力。但是佛陀不太喜歡這些能力。如果他還沒降伏自心而人家試著要傷害他，那會怎樣？他一定會用自己的能力傷害對方。所以請不要追求這些能力！請盡力調整自己的心吧！這是佛法的核心。如果你沒『入流亡所』卻有了『能力』的話，一定會傷害而混濁了整個世界。例如有些人為了社會的正義參與抗議活動，可是如果他們活動結束後就去喝酒吃肉的話，就不是正確的方向吧！若你是學佛的人，首先要降伏自己的心。我理解降伏自心不是那麼簡單，戒酒、斷肉、去五辛已經很難，要改變內心的所有念頭談何容易呢？我知道要花很長的時間，但是在學佛的過程當中你們先要有正確的因地！如果你們的因地是正確的話，就可以漸漸改變了。」

心甘情願的接受痛苦

這個時代因為不相信而輕視因果法則，就是所謂的五濁惡世。為什麼大家不相信因果呢？因為果報不會馬上出現。但是如果你修行得越來越好，過去生的果報就出現得很快。那個時候，請不要覺得委屈而遺失信心。有些人可能會說，「我這麼認真修行，怎麼會發生越來越多不好的事情呢？怎麼會這樣？」這是為了消除過去生的業報。其實如果我們離解脫越近，會發生越多的壞事，所以說「道高魔盛」！雖然遭遇障礙，但就算到了面臨死亡的那一刻，也千萬不要喪失對佛法的信心，而是應當感恩所有的事情。

當你生病難受時，請這樣想一想吧！

「透過這樣子的難過，如果能消滅眾生的一點痛苦，那該有多好！」

「不！」

「為了消滅一切眾生的所有痛苦，這樣的難過還不夠，我一定需要更深的難受！」當我生病時，我也常常這樣想。

我在三年閉關當中，曾有將近一個月的時間，連續高燒超過四十度不退。當時我無法出門或看醫生，除了繼續修行以外沒別的方法可以治療。天真法師、玄玄法師除了看著我難受，什麼都無法做，內心非常擔憂焦慮。結果他們也不能吃、不能睡，變得很瘦。那個時候，我想著，「如果透過我的痛苦而能減少眾生的痛苦，那麼我就再更痛苦一些好了！」其實因為這樣的想法，接受和忍耐痛苦的力量也會增長。

有些人誤以為開悟的人不會感到痛苦。事實上，痛苦本來不存在，但由於同體大悲的心，開悟的人才跟一般人一樣也會感到痛苦。如果有人不會感到痛苦，那他是不正常的，所有活著的存在都需要活生生的痛苦。當你受苦時，如果你能懷著這樣的想法：「透過這麼小的痛苦，怎麼可能解決所有眾生的痛苦呢？為了眾生，我需要更大的痛苦！」就更能心甘情願的接受痛苦。對於這麼做的人來說，即使同樣的痛苦也會變得不一樣。

釋迦牟尼佛由於過去生的業報，也體驗過不好的事情。

佛陀的前世有一天看到有位修行者受到很好的供養，便心生嫉妒地說，「你不配接受這樣的供養，你只配吃馬的飼料！」因此，在現世有位大長者，邀請佛陀跟弟子們來到他的地方安居三個月，但是大長者卻忘記了要供養佛陀。結果，佛陀只好要大家各自化緣，卻又遇到當地的荒年，托缽化緣也沒有人給東西吃。只有一個養馬的人，剩下一些馬吃的糧食，就拿出來供養，於是大家就只好吃馬糧。

當阿難看到佛陀吃馬麥的樣子，內心無法接受，非常難過。佛陀知道他的心意，就拿一缽給他吃吃看。阿難吃一口，發現馬麥非常好吃！為什麼弟子們吃的馬麥只是馬麥而已，而佛陀吃的馬麥卻能變得好吃呢？因為佛陀心甘情願地接受業報！由於這樣樂受的心態，馬麥也變甘露了。

就算我們感到很大的痛苦，也無法比擬地獄、餓鬼、畜生道中的眾生所受的痛苦。所以當你覺得難受時，請想一想「替代受苦的眾生，我願意接受痛苦，就算迎來更大的痛苦也可以！」，這樣的想法會讓你的痛苦變得像甘露一樣。

大乘發菩提心，修行者需要這樣的心態；這個心態，會帶來很大的改變。

即使到了面臨死亡的那一刻，也不要喪失對佛法的信心。

當我祈禱時，該發什麼願呢？

有一位居士每天很認真地做早課。有一天他問師父：「當我做完早課時，該發什麼願呢？」

師父就問他：「那你平常都發什麼願呢？說吧！我來檢查看看！」

居士開始念出他發的願：「十方世界的所有佛菩薩們！我懺悔累生累世所做的罪業，請原諒我，對不起！我迴向一切功德給祖先和一切眾生，祈願我的家人都健康，如是圓滿。透過身、口、意，修福、修德，淨化自心而變得溫暖、清淨、正確，在生活裡以清淨的光明活著。」

果然，他一口氣念得非常順，現場的人都能感受到他有多麼堅持地認真作早課。

聽完他的發願後，師父說：「好厲害喔！我可以理解你有多麼認真地做早課。不過！你發的願當中，只有前面的發願是正確的發願。後面的發願裡，自我意識就作用了。俗語說『手心手背都是肉』，這句話說明了父母疼愛每一個孩子，父母對每個孩子的愛是平等的。然而，自我意識並不是平等的，且自我意識的主要部分就是對家人的執著。一執著家人，你的意識就走錯了。這是什麼意思呢？對現在的你來說，只有手心是你的肉，手背不是你的。你們都該深思！自我意識是分離的、迷惑的、假的意識。開悟是指自我意識的消滅和整體意識的顯現。我說過很多次，不二！

「『我』這個存在就是整體的。在《法性偈》裡提到『一即多，多即一』，這句話表示整體和個我是相同的。如果你忘掉整體卻說個我，這就是迷惑的自我而已。所以你發願時，如果提到『我家人』的話，這意味著迷惑的自我意識動作了。如果要感到痛苦，就該感到一切的痛苦！如果要祈願，就該為了一切而祈願！如果只有為你的孩子祈好願的話，不行！當你為了一切眾生的好而祈願時，自我意識消滅，而整體的意識才會產生。佛教就是無我吧！

「無我是任何的個我都不存在的意思，所以無我等於整體的我。對我來說，這三十幾年，我從來沒有只為家人、父母、兄弟、姐妹而祈禱。我只為一切的存在祈禱。一次也沒為玄玄法師或她的妹妹祈願過！因為她們都被包含在整體裡。

「你們都去看看法藏比丘的四十八大願吧！四十八大願中沒有一點是為了個人的私願。他完全是為一切眾生發大願。對於為一切眾生發願的人，會發生什麼樣的事情呢？誓願護法的存在，護法聖眾和佛菩薩們就會替你照顧你的家人。例如我在服兵役時，我的軍營在距離南北韓停戰線最近的地方。當時軍官們幾乎一年之間都無法離開軍營，所以他們的家人都住在附近的村子裡。假設戰爭爆發時，國家首要保護的人就是軍官的家人，所以會先把他們轉移到安全的地方。為什麼？如果軍官們還擔心家人，怎麼可能為了國家專心戰鬥呢？真理的世界就是這樣。

「當你發大願時，你一定要如此想，『我會跟隨佛法，只做佛陀的事而利益無數的眾生！至於我的家人，請佛菩薩您們自己看著辦吧！』這就是真正的信任！當你讀佛經時會發現，當佛陀講完時，所有聽法的八部眾都會讚歎而誓願，『我們一定會保護發菩提心的人！』所以保護你家人這件事不是你的事，而是他們的事。你要做的事就是發大願而利益眾生。相反的，如果你只有為家人祈禱的話，那就像是戰爭爆發時，一個軍官對國家沒有信任，而只會逃出兵營去照顧家人一樣！

「我們都是大乘人吧！如果你擁有大信心的話，你一定會如此發願：『我發願為了所有受苦的存在。如果我擔心家人，很難做佛陀的事。佛菩薩們！我的家人該如何是好，請您自己看著吧！我沒有空照顧家人。』

「你們看玄玄法師和她妹妹吧！她們遇到佛法之前，有點埋怨我沒照顧她們。那現在怎樣呢？她們都很感恩而且過得很好。如果你能正確地跟隨佛法的話，你的孩子一定會順利。只有一般的信心是不夠的！我們都需要大信心！在這條路上走向真理，我們需要的不只是一般小小的信心，而是大信心！因為一般的信心只是自我意識的信心，也就是遇到順境就會信任，遇到逆境就會埋怨。如果你要相信，就真實地相信佛陀吧！

「你們查查看每位菩薩都發了什麼樣的願！文殊菩薩的大願、普賢菩薩的十大願、地藏菩薩的大願、觀音菩薩的大願、釋迦牟尼佛的大願、阿彌陀佛的四十八大願等等。他們如何發願而成佛呢？發願的內容是什麼呢？你們應該要查查看！他們的大願之中，沒有一項是為了自己。他們發的願都是為了全體一切眾生。因為全體就是『我』，除了『我』以外，什麼都沒有，是一體的！你也要做到和他們一樣啊！

「從明天開始就發正確的大願吧！」

開悟的目的是什麼

有一天，師父念完皈依三寶文以後，有位菩薩問師父：「當您念三皈依時，最後提到『生生世世以大慈大悲來利益眾生』這句話，有沒有什麼特別的意思呢？」

師父說：「當然有特別的意思。所有的禪修修行者，都非常認真地想要開悟，但其中很多只有專注自己的修行卻斷掉慈悲的種子，他們可以說是遺失了開悟的根本目的而迷失了方向。因此三皈依時，我如此強調慈悲心，是為了讓你們直到開悟都不會遺失慈悲心。如果我們的『開悟』沒有迴向給眾生，這樣的『開悟』就沒有用！如果我們的『開悟』沒有和眾生分享，這樣的『開悟』就沒什麼價值。眾生存在，開悟才能存在。如果我們偉大的自性佛不能利益眾生，還有什麼意義呢？若真理不會回到大慈大悲心，有什麼用呢？所有的存在都是由慈悲心所組成的，但由於我們的無知無明，所以沒有認識到這件事。一根草、一塊石頭、一棵樹、地水火風，所有的存在都正在做大慈大悲的事，除了人類！人類最是妨害慈悲的顯現，而且最是污染這個世界。如果沒有人類的話，河水馬上會變得清澈，空氣馬上會變乾淨，是不是？但是人類卻誤認為自己是萬物之靈！」

那位菩薩再問師父：「老實說，當我念《每日祈禱文》時，內心對『生生世世常行菩薩道』這句話很在意。因為我真的想要儘快脫離生死輪迴，我的心和這句話很衝突，我該怎麼辦呢？」

師父繼續說明：「如果你脫離這世界的話，會往哪裡去呢？真正的脫離就是脫離三毒心。你在哪裡離開了三毒心，那裡就是淨土。來、去是二分法的概念，當你開悟時，來去的概念會消失，那你到底會去哪裡呢？真理的世界不存在於時間跟空間的概念裡。當你真實地了解真理，你一定會說『生生世世常行菩薩道』。母親一般都不會離開自己的孩子，大慈大悲的佛怎麼可能離開眾生呢？只是在現象界隱藏他的形象而已——為了提醒我們無常而修行。『生生世世常行菩薩道』這句話，在開悟的立場，不會是問題。因為大慈大悲心，所以開悟的人會更難過、更心痛，承受更多的痛苦。開悟的人外相是沒有什麼改變的，開悟就只是保有開悟的知見而已。當一個人開悟時，對他來說，再也沒有六道輪迴，但在迷惘中的無數眾生會繼續建立六道輪迴，所以煩惱是無盡的，眾生是無邊的。但是佛菩薩們發了大願要救渡無邊的眾

眾生存在，開悟才能存在。

生，因為這樣的大願力，他們也會永遠地存在。佛陀的開悟真的是偉大的，他的大慈大悲無法用言語形容。開悟的人不需要往哪裡去，因為就像水盈滿於整個大海，他們已知道真理一直都在，不管什麼都只是真理的顯現而已。所以釋迦牟尼佛還正在靈鷲山說法，但我們看不到他，只有佛菩薩們正在聽佛陀說法。

「如果你真正地了解佛陀的真實意的話，請走向無上正等正覺吧！

「開悟的目的並不是為了名譽財產、神通……，

「開悟的目的應當和佛陀是一模一樣的——利益眾生！」

如何能彌補所有的過錯呢？

有位來訪的居士說他最近每天讀《地藏經》，師父問他有沒有什麼心得，他說透過《地藏經》，他才覺知了過去的錯誤。

師父對他做了如下的開示。

「當我們真實地對在數千萬世輪迴間所做的過失感到慚愧時，才是真正開始修行，才可能走向開悟。在真實地懺悔之前，任何修行者都無法開悟。不管聖人與否，每個人一出生就開始作惡。擁有這個身體不但是造作罪惡的證據，而且是無知無明的結果。因為無知無明，所以投胎得到這樣的身體。

請深思！得到這樣的身體就是罪惡，因為這身體是透過搶奪別的生命才活下來的；為了維持這具身體，我們讓其他的生命面臨了多大的痛苦呢？

「如果你能這樣深思細想時，才能知道維持這副軀殼本身就是件該慚愧的事。你能覺知這點時，就會下定決心要過付出的人生。那我們要付出多久呢？是永遠的！當你為了一切眾生永遠服務時，才能彌補所有的過錯。當我們這樣深思時，就會覺知到：『就算生命本身很珍貴，但能有價值地活著是非常難做到的啊！』

「因果就是平等的道理。例如你借十萬塊，卻只還五萬塊而已，那就不公平。我們過去生殺了許多、偷了許多、做了無數的壞事，只是嘴巴念幾句懺悔文，就覺得我懺悔完了？這就是賊心吧！當你真實地將『我以後要永遠利益所有的眾生』銘記在心時，你才能走上真理。我們必需要真正的懺悔。

「當你深切地發露懺悔而為眾生發願時，佛菩薩才會讚歎而護持你。若你體會到這點，將來一定不會害怕生死，而會為了一切眾生只做佛陀的事。好像公務員一樣，成為佛菩薩的眷屬時，才會真正地入佛門。你想想看！這

為了維持這具身體，我們讓其他的生命面臨了多大的痛苦呢？

會是一件多麼令人開心的事呢！

「在這之前，請一步一步繼續地走吧！

「兔子看不起烏龜而說『你跟我的差距這麼大，怎麼可能贏我呢？』但是就像兔子一樣，透過一小段的勇猛精進以後，就希望瞬間到達開悟的心態，只不過是一種慾望而已。請不要遺失皈依三寶而繼續懺悔、持戒、念《每日祈禱文》吧！就像烏龜一樣繼續走的話，每天只有踏一小步也沒關係，因為已經轉對了方向，繼續走就會成佛。每一步，都是從完美往完美的進行。一步步地往前走，將來有一天，你會發現自己不知不覺地，已經站在頂上了。」

天上天下唯我獨尊

每一個人，內心都殷切地渴望永遠的自由與幸福，開悟有可能突然來找你，不過如果你還沒準備好的話，其實會無法承受它。就像有人突然中獎了，但沒有精打細算，過一段時間以後錢就花光了一樣。如果偉大的開悟來到你的面前，你要如何承受它呢？對於沉溺在喝酒抽煙這樣的世俗裡、一步也沒踏出的人來說，就算開悟來找他，他也一定會假裝成為導師來騙人，結果只是給這個世界添加混亂而已。

幾天前有位菩薩來這裡找我。她幾十年前因為先生的外遇非常難過，在無法擺脫痛苦的時候，偶然遇到了佛法。對於先生已沒有一絲希望的她，很認真地沉浸在祈禱中；先生過世以後，她更加地認真。有一天她突然看到自心，而得到內心的自在。那個時候，她內心想到了一句話：「天上天下唯我獨尊，釋迦牟尼佛就是我朋友！」

然後她誤以為自己開悟了，開始拜訪很有名的禪師們。其中有位禪師在她面前劃一個圈以後就問她，「在圈外也錯、在圈內也錯，你要如何做？」對她來說，從來沒正確地學過佛而只是祈禱而已，根本不知道圈是什麼意思？在圈外是什麼、在圈內是什麼，而超越兩個又是什麼？所以就像啞巴一樣，無法回答。又一位禪師，大聲鼓掌一次之後就問她：「知道單掌鼓掌的聲音嗎？」她又啞口無言。就像這樣的不停被罵著，她內心很生氣！「我是天上天下唯我獨尊，而且是釋迦牟尼佛的朋友，竟敢瞧不起我！」所以最後她來找我！

我有點理解她的狀態，因為誰都能在一瞬間得到內心的自在，但我跟她說明她的過失在哪裡。如果有人還沒了解釋迦牟尼佛的偉大性，卻敢說「他

在整個宇宙中，每個生命都是尊貴的。

是我的朋友」的話，一定會墮入三惡道。就像很久以前，如果有人喝醉酒做壞事而說出「國王是我的朋友！」的謊話，他一定會被判死刑一樣。若你能稍微想想釋迦牟尼佛過去數萬生的菩薩行，怎麼敢誇口他是我的朋友呢？所以我跟她說：「妳被罵活該！」

而且我們都該深思「天上天下唯我獨尊」這句話，意味著在整個宇宙中每個生命都是尊貴的。若你們稍微思考，就能認識到自己的生命是多麼尊貴！但大部分的修行者不知道在後面還有一句，是什麼呢？就是「三界皆苦我當安之！」釋迦牟尼佛認識到每個生命都很尊貴，但是沒有一個存在能脫離生老病死的痛苦，所以他一出生就下定決心而發大願力：「我應當安頓所有受苦的存在！」然後透過一生去展示他出家、開悟、救渡眾生的所有過程給我們看。

如果你看到自己的本性，你應該要讓所有的存在幸福，那時開悟的圈才能完成。她只有看到自心，卻東訪西訪想要被印可，怎麼辦呢？你覺得我有沒有認定她呢？沒有！她被我罵完就洩氣地跑走了。「見性」不是那麼重要，因為若你準備好了而放下貪瞋痴，且有堅持利益眾生的願力心，開悟就會自然而然來找你。所以你們都得想著「為了開悟那一天，得先準備好來迎接這偉大的寶藏！」就像有人想要當總統，他一定要先有計劃如何統治國家一樣；你也要先以最美好的、最尊貴的心態做準備來接受它。不然就算它來找你，你也無法用它，甚至開悟會變成毒而傷害混亂別人。八萬四千方便法門都在告訴你，為了偉大的寶藏來找你的那一刻，你該如何做準備。開悟有可能在任何時間來找你，但重點是如何準備接受它而能利益眾生。總之，眾善奉行的心態是最重要的！

偉大的捨棄，開悟

一對夫妻遇到師父以後，吃全素、認真地持五戒、力行布施等等，堅持把師父所說的實踐在生活裡。結果他們孩子的發展都變得順利，過著誰看了都會羨慕的日子。師父為了提升他們目前的階段，給了如下的開示。

「幸福跟喜悅也是阻礙自由跟解脫的因素，你們一定要瞭解這點。當開悟時，有了智慧的眼光，所有的問題都會消失。但是真正幸福的那一刻，是開悟的那一刻，所有好事都會失去。這是非常重要的部分。這是一種正義感。假設戰爭爆發，士兵們都在要塞被敵人困住了；他們血戰到底，最後只剩兩位士兵還活著。可是到了最後、這兩人也快要死掉的那一刻，突然出現了可以讓其中一人逃生的機會。其中有正義感的士兵，把能逃生的機會給了對方。他也可以把這個機會留給自己的，卻為了對方而捨棄了自己。開悟的境界也是這樣。

「一開悟就把所有的一切歸還給眾生，開悟就是如此，每位開悟者都會這樣做的。當你體會開悟的那一刻，瞬間就會放下自己的完美，連享受開悟的時間也沒有，為了眾生會永遠地做大慈大悲的事。所以說佛法究竟會回到普賢行。開悟的人當然能夠承擔這樣的狀態，不過還沒開悟的人有可能會說『怎麼會這樣！』他沒想到自己也會死去。若你誤會了開悟的境界，完蛋了，你一定會後悔。

「對於佛陀證得的開悟來說，他開悟的境界太偉大了，因此一般人難以想像，也不敢接近！四十九年間持續赤足行腳而救渡眾生，而且從來沒為自己用過任何的神通能力，當腰痛時，就讓它痛。就算為了眾生可能用神通能力為眾生拔苦，卻一次也沒有為了自己而用過，堅持跟我們普通人一樣。這樣的心就是偉大的大慈大悲心。所以學佛的人對佛法一定要有正確的理解，佛陀的開悟不是一般人所想像的那樣。佛陀會讓你們漸漸成熟，最後會說，『你們就像父母愛孩子那樣，現在根器成熟到足以大慈大悲去愛一切眾生。就放下你自己的幸福吧！』如果你們是真正的佛弟子，聽到這句話就能瞭解佛陀的心意，就會完全放下自己的幸福以及所有的一切，而只做大願力行。這是真正偉大的道路，並不只是為了自己的解脫。如果你真正地瞭解佛陀的真實意，就會捨棄自己而利益一切眾生，因為你已經知道捨棄自己也沒問題了，瞭解嗎？

「請謙虛！其實你們已經很謙虛，但請小心地覺知有沒有假裝謙虛！且必須要堅持真實的心！因為我們要走非常偉大的道路！在整個宇宙中最有價值的路！許多人都覺得自己走在佛陀的道路，可是真正地跟隨佛陀的人絕無僅有。大部分的人都只用眾生心而已，只是安住在自己的利益、幸福、解脫。這條佛陀的路真的有價值而且偉大，因此會和菩薩們永遠在一起；會和報身世界裡看不見的菩薩摩訶薩，永遠一起走這條路！」

在日常生活中覺知空性

有位居士請教師父如何在日常生活中修行，針對他的問題，師父開示如下。

「真正的修行力是在日常生活中產生的，只透過打坐，修行力不太會產生；反倒是在生活裡修行而產生的智慧力量才不會退失。你們不一定需要出家，以現在的角色就能好好地修行下去。

「在我出家以前當公車司機的時候，每次遇到紅燈，我就會抽空讀佛經或佛教書籍。一個月可以讀完三、四本書。大城市的交通非常混雜，開公車是個非常疲倦的職業，不過對我來說，開公車是很好的修行。因為開公車時，我們一定要使用六根，而且要覺知。眼睛要看前後左右，耳朵要聽乘客的聲音，右手要移動檔位，腳要踩離合器，每一刻都必須要覺察，要不然就有可能發生事故。而在這樣的過程當中，我沒遺失過覺知空性。

「當我們觀察自己時，重點在覺知空空無礙的我。就算在迷惑中認定物質，只要記得，無論什麼時候，無論做什麼事，你都能觀照空空、無有問題、無礙、圓滿俱足的心。現在大部分的人都開自排車，不太認識手排車；手排車要換檔時，一定要通過空檔。當通過空檔時，你們能夠覺知內心的空性。其實做任何事，都能覺知空性的！當你繼續這樣修行時，內在空空的空間會變得更寬闊。對空性的覺知越來越深，內心自由的空間會變得更大。譬如當房間被家俱和東西佔滿時，會讓我們有壓迫感又不自在。相反的，當房間很單純時，我們便感到輕鬆而自在。就像這樣，當我們的意識越來越認識到空性時，就越能享受到更多的自由。所以當你能完全地安住在般若智慧時，就會認識到五蘊都是空，而能脫離所有的苦難。

「我一整天開公車，會通過幾百次空檔，每一次通過空檔的時候就覺知

在日常生活裡保持空性的覺知，才能享受到自由自在。

到空性。在修行上，我完全地運用所有聽到、看到、踩離合器之類的開車動作，這樣做讓我非常法喜。當我堅持下去時，我空空、公車也空空，結果不是公車在跑而是空性在跑。你們也必然可以體驗到這樣的空性。例如有時發生非常開心的事情，開心到像要飛起來，那一刻其實你們的意識不知不覺進入了空性。如果你能長久堅持覺知空性，你們也會和我一樣對身體和工作的空間，都能具備空性的覺性。

「有一天，剛過了上班的尖峰時間，公車裡還有一些乘客。當公車越過山坡，開始下坡抵達站牌前，我試著踩煞車，突然發現煞車故障了，於是我馬上拉了手剎車，不過它無法承受速度而被折斷了。那一刻我憑藉著修行的自覺力，內心一點也沒有動搖或恐懼感，我的意識一直安頓在空性。所以乘客、公車、我，都是空空的自覺，除此之外什麼都沒想。就像火災時我們不用思考就會自動地滅火，那一刻我直觀的智慧自動地跑出來了。

「那時因為公車是在下坡的路上，當然速度變得更快，是很危險的情況。我跟乘客們說了『請抓緊』之後，為了減速而讓公車行走S形，多次故意撞到人行道的側面，當時在釜山市人行道和車道的高度落差很大。最後到達平地時，公車自然而然停止了。好神奇！前面許多車都剛好全部開走，什麼事也沒發生，更沒人受傷！乘客們都安全地下車之後，我檢查公車的狀況，後面的車輪軸竟然已經突出來了一半了。本來有可能發生很嚴重的事故，但是奇蹟發生了。

「當空性的覺知越來越深時，在生活裡也不會有衝突的事情。但如果『我相』很大，你固執自己的觀念或被自己的想法框住時，你一定會跟別人起衝突或吵架。相反的，你覺知空空無礙的自己時，在物質世界上不會有衝突，這是我自己的體驗。在日常生活裡保持空性的覺知，不是透過分析才知道物質是空的，而是當下就能認識到物質本身就是空。當你們這樣覺知時，在生活裡才能享受到自由自在。無論做什麼事都不會被阻礙，即使不在寺院或道場都沒關係。在日常生活裡，以自己的方式是可以修行的，例如當你切菜時能念咒語，或走路時能觀察呼吸，有許多方式可以練習。別人不知道你在修行，而你卻隨時隨地都能做到，我希望你們在生活裡也能這樣修行下去。」

我們都是癌症病患！

某年在釜山市的法會，有位對佛法很有信心的菩薩問師父：「自皈依佛法僧三寶後，我很幸運能得到您傳授的法。我上個禮拜發生車禍，當我覺得瀕臨死亡的那一刻，內心生起了兩個念頭，一個是師父，另一個是我不能再聽到師父的開示而感到非常可惜和委屈。老實說，當我面對死亡時，無法專心念阿彌陀佛，我才體會到自己只是個沒有修行的一般眾生而已。當我赤裸裸地面對自己還沒準備好的樣子，我感到很狼狽。師父！因為您的開示，我能漸漸明白不二的道理，把世界的惡業當成我們的共業。想請您告訴我如何能接受共業、又能在家改善的修行方法。」

師父針對她開示如下。

「你發生了車禍嗎？真是辛苦了！大家一起鼓勵她吧！請你把車禍當成消了很大的業障吧！這是個很好的體驗。你發生了車禍我卻說很好，你會不會生我的氣？其實我從小到目前為止，曾經驗過三次昏迷，還有四次瀕臨死亡的經驗。我的人生面臨一連串的困難，而在那些經驗之中，我只有一次沒有害怕死亡，當時我看到自己的本性。

「你們都聽說過觀音菩薩以財布施、法布施和無畏施救渡眾生嗎？這些布施波羅蜜是大乘菩薩的核心，是所有修行法門的精髓。你們有可能誤以為物質的供養就是布施，但是這三種布施的含義不是那樣。三種布施意味著三種心態。

「財布施，指的是讓別人開心的心態；無畏布施，指的是讓別人脫離痛苦的心態；而法布施是指領導別人走向真理的心態。如果你能保持這三種心態，無論做什麼事都會做得很好。有些人很認真工作但生意卻做不好，相反

對修行者而言，痛苦不是壞事，反而可以成為幫助我們開悟的好機會。

的，有些人不太努力，生意卻很好。為什麼會這樣呢？都是因為這三種心態！當你保持讓別人幸福的心、讓別人離開痛苦的心、帶領別人走向真理的心時，福報就會到來，不管你做什麼事都會順利。你仔細觀察成功的人，他們這輩子或上輩子一定具備這三種心態。所以布施波羅蜜不但是成功的秘密，而且是最重要的修行。

「今天有位正受病痛折磨的菩薩來參與法會，對於無法幫到她，我很難過，我想要針對她來開示。其實不只是她，我們都是不治之症的患者！因為我們都在朝向死亡前進而無法回頭。對！我們都是『癌症患者』，都免不了死亡，只是早晚的差別。為了解決死亡的問題，我們一定要開悟。但是在知道真理之前，每個人都會很恐懼，而且因為病痛而非常難受。在眾生界，我們都會面臨這樣的狀態。就算還沒生病，年紀大了，要舉起腳走一步路都很辛苦，任憑孩子再怎麼照顧，也只是稍微得到安慰，但也不能根本地解決死亡的問題。

「我來說說畢陵伽婆蹉的故事。

「畢陵伽婆蹉是釋迦牟尼佛的弟子。在過去五百世，他一直是個婆羅門，是非常高貴富有的人，所以這輩子還留存前世的慢習。除了佛陀和八大弟子之外，對什麼人他都不會用尊稱，甚至每次過恆河時，還叫恆河女神『小婢！』，要她停止水流後才過河。有一天，恆河女神再也受不了，找佛陀抗議。佛陀聽她說完後，要畢陵伽婆蹉懺悔。雖然畢陵伽婆蹉還有慢習，但他絕對不是故意的。只不過當他要懺悔時，他還是跟河神說：『小婢，不要生我的氣，我來向你懺悔了！』就這樣！要改變習慣非常難，不過他竟在改正習慣前開悟了。

「他如何開悟呢？有一天畢陵伽婆蹉聽完佛陀說四聖諦，在回去的路上一直深思苦諦的時候，突然被毒刺刺到了。正巧深思苦諦時被刺得非常痛，正因為痛苦他才能真實地思考下去。所以對修行者而言，痛苦不是壞事，反而可以成為幫助我們開悟的好機會。痛苦到束手無策的那一刻，剛好就是個能去深思的機會，總之我們該把苦痛轉成開悟。

「那他如何思考呢？當他感到非常痛苦時，對『能覺』和『所覺』深思。

這是什麼意思呢？能覺，意味著知道痛苦的心；所覺，意味著痛苦。知道痛苦的心是什麼？能覺就是妄識，而所覺就是亡所。他不認定痛苦而深入痛苦的根源。『不認定痛苦而深入痛苦根源』是不容易的。所以我常常提起『亡所』！當我們很痛苦時，該把痛苦徹底應用於亡所。

「當頭痛、肚子痛、開刀……等各種的痛苦來到時，請不要認定痛苦，而要馬上轉往沒有痛苦的根源。當你不認定任何的痛苦時，剩下的是什麼呢？是清淨心。當畢陵伽婆蹉不認定對境時，才能深入禪定三昧，最後覺知到任何痛苦都無法存在。當你不去認定所有的痛苦時，才能進入空性。在這裡，你會知道沒有痛苦，也沒有感到痛苦。他最後在沒有分別的清淨覺心中，忽然身心變成空。如果我們能達到這裡，痛苦就不會是什麼問題了。

「起浪時，我們把水看成波浪，但是水再怎麼起波浪，也就只是水而已。波浪有可能起起伏伏，痛苦也有可能讓我們很困擾，但是痛苦的根源，我們的本性，是脫離生滅的地方。所以畢陵伽婆蹉就這樣透過痛苦看到自己的本性了。其實在《楞嚴經》的二十五圓通法門中，最容易的修行法門是『耳根圓通』。但是今天為了一位正在受病苦的菩薩，我講了畢陵伽婆蹉的『身根圓通』。我希望你們能深思，好好觀察身體而進入沒有痛苦的地方，清淨的覺心。大家一起鼓勵她吧！」

開悟的人也會生病嗎？

我們的本性，本來就沒有病苦，我們都應該安住在這裡。

生病就像是光芒的折射，只是現象界的錯覺而已。大海的波浪是沒有問題的，當很大的波浪撞擊到岩石時，聽起來好像它們在哭喊，其實這些波浪總是安住在大海，從一開始就沒有問題。我們的病就像波浪一樣，從一開始就不需要擔心，因為波浪就是安住在大海，所有的波動都只是一種遊戲罷了。

「我們應當觀看痛苦、苦難、病痛，折磨只是一種遊戲，因為波浪就是大海，從來沒遺失過水的本性。如果你能夠認知生病只是一種遊戲的話，透過生病就會增長覺知！如果沒有了波浪，大海也將失去活力！波浪，就是大海生命力的一種表現。痛苦就是最好的良藥，它讓我們的覺知增長，因此受苦的人是有福的人。在天堂裡天人沒有痛苦，因此沒有機會走向開悟；他們只是享樂，而福報就會漸漸減少，最後會墮入三惡道。所以娑婆世界就是最好的道場。

「有一天有位居士問我，『一位很有名的仁波切生病了。開悟的人也會生病嗎？』如果你拿著稜鏡觀看，光芒會折射。開悟的人都了解自己的本性就像通過稜鏡之前的光芒一樣，是完美的。但是由於各種各樣的因緣，他的身體有可能會曲折。若你覺得開悟的人應當有完美的『身體』，這是錯誤的，他有可能穿了不好的『衣服』。假設有的人戴著藍色鏡片的眼鏡，他所看到的東西都會是藍色的，不過若是他自己能知道是因為藍鏡片而導致看什麼都是藍色的，那就沒關係。就像這樣，有的人雖然生病受苦，但若他能夠始終保持正見，不為病苦煩惱，而覺得『沒有關係！病苦不是真實的本性！』那我們可以稱他為開悟的人。所以，對開悟的人來說，身體的生病是一點也不要緊的。

「因為物質的現象界是虛妄的、是假的，錯與對都沒關係。一般來說健康的意思是達到醫院的標準才叫健康；但是我自己感到的『健康』和醫生所說的『健康』其實不一樣。如果有的人心很完美，那麼他是真正健康的人。若能保持完美的意識，雖然身體很難受，也都沒關係。完美的心、清淨的心、無礙的心和純粹的心！你應該如此看待自己。只要我們的心完美、健康，表面的身體其實是不重要的。

「還有，對於開悟的人，我們眾生很難去評斷，而且也不需要去判斷。重要的是，你自己是否正走在正確的方向！」

請以佛陀的意識讓你的意識結成晶

有位居士跟師父說，「當我聽法或讀經時，能夠理解且很法喜，但為什麼這樣的感覺在生活中馬上就不見呢？」

師父說：「你的法喜無法持續的理由是由於過去的習性，你的心很容易被世俗的事牽走，而忘記了法。所以我常說請堅持修行下去。老實說見性不太難，受持才是很難的。世俗的業報通常會妨害你的修行。你們都經歷過了吧！一要修行就有些事情發生而無法修行。因此對修行來說，你必須要按時進行。如果你早晚固定的時間做功課的話，你在日常生活裡就不會忘掉覺知。

若能持續做到，最後你的心會變得就算想忘也忘不了。在那個時候，困難的不是保持覺知，而是忘掉覺知。對不生不滅、不垢不淨、不增不減的本性，你的覺知會變得想忘也忘不了。在達到這點之前，你們該堅持修行下去。

「你們聽過製造人工鑽石的方法嗎？人們首先把一片小的鑽石放入，做為種子。然後在高壓高溫之下種子會開始結晶，一但開始結晶，就會繼續長晶。我們提升意識的過程也是這樣，一但種下了佛陀的意識而開始結晶，佛陀的意識就會長晶。因為虔誠心和大信心，內心的佛陀意識開始晶體化時，你是怎麼樣也無法忘記的！因此我們先要見性。一但覺知本性，這種子便開始結晶，你會繼續得到資糧。在《法性偈》裡提到的『歸家隨分得資糧』，意味著在返回成佛的路上，修行者會繼續得到開悟的資糧。其實所有的存在都是由意識所組成的，現在的樣子也是按照各自的意識程度而顯現不同的形象。最低的意識就是黑暗，從黑暗起，到物質、植物、動物、人間等等，有許多不同的意識階段。最高意識的存在就是佛陀！我們可以說，在整個宇宙中佛陀意識就是最美的綻放。當我們往生時，會按照你這輩子的意識高低來

在整個宇宙中，佛陀意識就是最美的綻放。

決定你來生的形象。舉例說，如果有人這輩子一整天只想『吃！吃！吃！』，用著和動物一樣的意識的話，下輩子不能得到人身，只能得到動物身。如果有人只想窩在房間裡，什麼也不想思考、哪裡都不想去、什麼動作也不想做的話，來生他會變成和石頭一樣的存在——是會發生這麼可怕的事情的！所以提升意識非常的重要！只要擁有純粹、正確、高意識的人，就能解脫而享受自由。就像沉重的東西會下降，輕的東西會上升，你的意識越高就會享受更多的自由，這是宇宙的一種法則。佛陀已經告訴我們，脫離生死而永遠自由自在的法則，但一般人不會聆聽佛陀所說的。為什麼？因為他們都很忙，被世俗的事忙死了。

「你們首先該知道最珍貴的事，然後再做世俗事，但是你們卻丟掉最珍貴的事，而以無知無明的習性在破壞自己的人生。這是誰的錯呢？是自己的錯誤，身邊的父母和家人都不能替你解決！你確定來生來世一定會得到人身嗎？盲龜遇木！所有的人類有百分之九十九來世都不會再得到人身！

「幾天前，當我在講這件事情時，有位新來的客人說，『那現在我在人間，表示我的前世應該不錯吧！』你們都想一想吧！我們來世能得到人身的機率就是百分之一而已！因為過去生的一些善業，現世勉強得到人身，但是來世會怎樣呢？請現在馬上回顧你這輩子的生活吧！從出生後到現在，你做的所有事情當中，佛陀會撫摸你的頭而説善哉善哉的事情有多少？老實説，我們在日常生活的打拚，到頭來還不都只是為了自己，不是嗎？被你踩死、打死、吃掉的生命是無數無邊，你有救活過任何一個生命嗎？我們在數千萬次的輪迴裡，好不容易在過去世曾有過一些些的善業，這世才得人身！不但不理解這輩子有多麼珍貴，卻還説『雖然現在我過得亂七八糟，畢竟也還是個人類，不用太擔心啦！』千萬不要把現世的人身當成平常的事，請好好珍惜它，做最有價值的事情吧！」

你在畫什麼畫呢？

觀想修行是一種在內心的畫畫。例如，你們今天都來到這裡，因為你們已在內心畫出來訪寺院的畫了。這就是觀想。若你內心畫了什麼，在心底立志的事情，將來一定會實現，心法就是這麼不可思議。那麼我們要畫什麼樣的畫呢？請在心裡畫最厲害的畫吧！那是什麼呢？是無上正等正覺！是成為偉大的佛而利益眾生的畫！一般人都不敢畫成佛的畫，反而會去畫不怎麼樣的畫。你只畫生滅的畫，所以你將來一定會死。相反的，若你每天真實地念《每日祈禱文》，在心底畫著皈依三寶而往生淨土的畫，那麼你絕不會墮入三惡道，一定會成佛。你可能會問我說，「您怎麼這麼確信呢？」因為我已經知道心法，才寫出了《每日祈禱文》，所以我可以百分之百確定。

一切唯心造！整個宇宙是心所創造的！這句話一點也沒錯！如果你上班之前覺得「今天一定會順利的！因為我已經皈依了三寶，佛菩薩們必定會護持我的，很棒的事情會發生的！」那麼那天一定會很順利。正面的想法會帶來好的事情，負面的想法會帶來壞的事情，可是我們總是做負面的思考，例如陌生人打電話來，你第一個念頭可能就是負面的想像。

若有人問我你開悟了什麼？我會回答：我看到自心，就知道圓滿俱足、無有阻礙、完全完美，沒有任何的問題！從那天開始到現在的三十幾年之間，我一直都沒問題。

無論發生什麼事，天空沒問題，甚至原子彈爆炸也沒問題。實際上我們的心比天空還偉大，問題在於我們不相信，我們無法接受自己的偉大性而認為自己只是小小的身體而已，因此變成最虛弱的存在。如果你真的相信佛陀所說的，你必需按照佛陀的教誨，觀察沒問題的自己，然後在生活裡親身力行去印證佛陀的話。

善知識的心情

來自台灣的無事三姐妹，每次來訪弘誓院時，每天都必須寫下「大肯定」的功課給師父檢查。師父稱為「大肯定」的理由是，每當弟子們寫懺悔、感恩、發願、迴向內容時，就讓他們根據真理來回顧一天。

有一天，大姐曉慧在功課上寫著「我要來懺悔，每次回到台灣以後，在忙碌的生活裡，常常忘記發菩提心利益眾生的這件事。」師父聽完她的功課以後，針對這個部分給了如下的開示。

「執著就像內在看不到的強力膠一樣，一執著於某個東西，就會一直想到它而無法甩開。所以我們反而可以運用心的這種特性，把『發菩提心利益眾生』這件事緊緊地在心底黏上。換句話說，應該在心地種下一大事因緣的種子。一旦利用內心的強力膠緊貼好了，這件事再也無法逃掉，就算不需要努力去記住，也會變得無法忘記。直到緊緊貼好之前，你們應當利用內心的膠水，一而再、再而三地把它黏在心底，最後將會成為無法被妄念侵犯的狀態。

「還記得《法性偈》裡提到的『一念即是無量劫』嗎？若在心底緊緊地黏好了『發菩提心利益眾生』的這一念，這一念會無限地持續的。

「事實上，在地球上的所有存在都想要依賴最高意識的存在。因為他們根本不知道要往哪裡去或如何解決生死的問題，在黑暗裡只會感到迷迷茫茫，所以所有的存在都暗地裡深深渴望佛陀的誕生。譬如當我們坐飛機時，當然暗地裡依靠機長嘛！就像坐飛機時所有的乘客對機長寄予安全的厚望一樣；為了一切生命的解脫與永遠的幸福，一定需要開悟者的出現。所有的存在都眼巴巴地盼著開悟的人，由於這樣的渴求，佛陀在這個世界出現了。

在心地種下一大事因緣的種子。

「因此當你真實地發菩提心而發願利益一切眾生時，一切存在都會祝福你的。我們應當要知道一切存在有多麼渴望佛陀的出現！若你的發心是真實的話，從你發菩提心的那一刻到成佛，所有的佛菩薩和每個存在一定會幫助你、護持你、引領你走向開悟。

「佛陀出現就是一切存在的喜事；相反的，沒有佛陀，一切存在就會不安。所以釋迦牟尼佛涅槃以後，所有的善知識使勁地替佛陀救渡眾生。就好像，在飛機上機長突然暴斃死亡了，副機長就要馬上替他繼續開飛機；可是即便副機長按照所學的來駕駛飛機，他內心一定還是傷心難過的。其實所有善知識的心情也是這樣。如機長般的釋迦牟尼佛涅槃了以後，直到彌勒佛出現之前，善知識們都有責任為所有的地球眾生來傳法燈。『如何才能讓一切眾生不墜入三惡道而能走向開悟呢？』善知識們如此憂心、滿懷苦悶，經常夜夜思索，不能成眠！

「在末法時代，法燈已漸漸油盡燈枯，善知識們為了傳法燈拚命掙扎著，因為若善知識找不到傳法燈的人，就無法報佛陀的恩。因此對善知識來說，若無法養成傳法的人，便是造惡罪又對佛陀不敬的事。善知識們除了設法幫助弟子開悟，根本沒有其他的目標，一生只做這件事，更不敢想像建立寺院等等其他浪費時間的事情。所以對善知識來說，若找到了真實發菩提心的人，會無法言喻地開心！我無論做什麼事，就算走路也只想找到有根器的人、真實的發菩提心的人。甚至若有人只是保有一絲一毫的可能性，我也絕對不會放棄他，無論如何也要提升他的意識。

「可是三十幾年來我教過、引領過很多人，老實說，真實地想要走向這條路的人其實很少。為什麼達摩祖師離開印度去了中國呢？因為當時在印度佛法愈來愈衰退，很難找到有根器的人，因此他為了傳法前去中國。如果他只關心弘法，當他跟梁武帝見面時，一定會讚歎他而協助皇帝的佛事。但是他並沒這樣做，反而默默地堅持面壁，一直等著真實的修行者出現。結果達摩祖師等了九年終於遇到了慧可。因為達摩祖師當時沒有妥協而只是堅持做該做的事，佛法的法燈才沒熄滅而能夠傳承到現在。善知識的心情是如此，你們可以理解嗎？」

入流亡所

某年，在韓國大邱市的法會，師父開示如下。

「在上次開示，我特別地叮嚀，請不要遺失而銘記在心裡的是什麼呢？你們還記得嗎？

「入流亡所！

「『入流亡所』這四個字，直到成佛的學習過程中，你們都應該銘記在心。什麼是入流呢？我們已經進入了生死苦海、六道輪迴，入了六道輪迴的流，進入了無法脫離生老病死的世界裡。我們遇到佛法時，才有希望脫離已入錯的世界，而願意走向別的世界，『我想要入沒有生死苦痛的流！』當你開始願意脫離錯的地方時，才可以說你開始學佛。如果要脫離生老病死的世界，一定要入真理的流。為了入真理的流，需要什麼呢？就是『亡所』！

「亡所的『所』是什麼？所，就是指一切的對境。我們的身體、五蘊、六入、十二處、十八界，一切諸法都是所。在這些當中什麼都不是真實的，都是亡，所以說亡所。所以千萬不要認定任何的境界！只有放下對於境界的執著而把它看成一場夢時，才能夠調頭進入脫離生老病死的道路。在真正地入流之前，其實你沒有資格說『我學習了真理』。如果你無法把現象界當成夢一樣，即便你的法說得再好，也還是沒入流。所以你們要深思亡所！如果你想要真正修行，請不要認定所有的對境！應把它當成夢，當成影子一樣。千萬不要忘記這四個字——入流亡所！在你做到入流亡所以前，請不要驕傲地認為自己是學佛的，了解了嗎？

「真正的入流是進入聖人果位的流，從那時才可以稱為聖人；在這之前很難稱為聖人，所以入流不是那麼簡單。若你還在做世俗的事，還執著而且

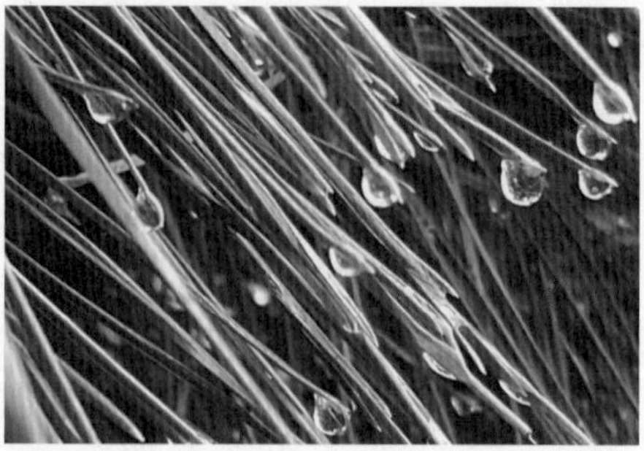

自己的光明不會阻礙別的光明，而自己的世界則完美地包含整個宇宙。

認定這些俗事是真的，卻說自己在學真理或入流了，或是已進入聖人果位的話，是不對的，了解嗎？所以請把『入流亡所』銘記在心。《金剛經》、《楞嚴經》、《心經》等等的大乘佛經，都可以被含括在入流亡所這四個字裡。所有的佛經都在講入流亡所。」

開示到一個段落，信眾提問，「請問我一直追求安樂，但我得到的只有不安。怎麼樣可以得到靜止的狀態呢？這樣的追求也是無知無明嗎？那我是誰呢？」

師父回答，「你問了一個好問題，任誰都會這樣想，也會想要知道答案。請深思啊！如果我的心是富足的、飽滿的、圓滿俱足的，你就會變得富有、圓滿。貧窮的心、追求的心，這樣的心態意味著你還是缺了什麼。你們都想想吧！當你說『我要這個東西』時，就表示你沒有這個東西，所以你還是想要追求，結果你的心就是貧窮的。因為你擁有貧窮的心，所以當然就會變得貧窮了。這道理非常簡單。

「我們需要飽滿而富足的心。但如何能夠保持這樣的心呢？其實整個宇宙是你的，所有的存在都在你的心內。你們應該透過修行來體驗到這點。體驗到時才能保持富有的心，在體驗到之前是無法保持的。因為你只把小小的身體誤以為是我，把身體以外的所有存在當成別的存在，所以你當然貧窮啦！假設整個存在全是你，會怎麼樣呢？人類、金銀寶藏、銀行，這些東西都是你的，你就沒有理由保持貧窮的心。光有知識性的了解還不夠，你應該透過冥想、參禪、修行來正確地看到，你的心其實是包含了整個宇宙所有的存在。看到以後你才會解決所有的問題。開悟可以說是見到自己廣大無邊、圓滿俱足的心，開悟讓你變得不需要搶、不需要求。如果所有的一切本來就都是我的，還需要追求嗎？就像這耳朵是我的，所以不需要給我耳朵一樣。心法就是這麼偉大。

「如果你覺得心只存在小小的身體裡，這是迷惑的錯覺。在冥想和禪修時，請不要把你自己限制在四大的身體裡。一心！我和其他的存在就是不二！整個存在被包含在我之中。當我說所有的存在被包含在我裡面，那你可能會說：『那師父也被包含在我裡面囉？』這部分該如何來理解呢？你們都想一想吧！假設現在把所有的燈都關掉，那這兒就會變得很暗；而這時，我把我整個身體都纏繞了燈線，然後從外面走進來，這個空間頓時變得明亮，整個空間被我的光芒環繞著。接著你也一樣從外面進到這裡，因為你的關係這個空間變得更明亮了。那麼我的光芒跟你的光芒會不會混合呢？那當我出去時，你的光芒會不會有變化呢？不會！我的光芒跟你的光芒不會互相阻礙！我的光芒包含全部，你的光芒也包含全部。明白了嗎？

「所以，自己的世界會包含全部，但不會互相阻礙。光芒的世界就是這樣，互相包含著，但自己的世界是個別的，了解嗎？很容易理解吧！當在一起時只會看起來更明亮，就算一個人出去了，另外一個人的明亮也不會改變。所以自己的世界包含整個世界，同時不會阻礙別的世界。因此《法性偈》裡說『仍不雜亂隔別性，九世十世互相即。』自己的光明不會阻礙別的光明，而自己的世界則完美地包含整個宇宙。」

另一位信眾發言懺悔，「師父，我無法把討厭的人當成幻象，是因為我的修行不夠，是我的錯嗎？」

師父回答，「你可以因討厭而生氣喔。不過你該應當覺知這些事情就像夢境一樣。」

信眾再說，「師父，我跟隨佛陀一步一步走時非常法喜，但一念錯時，就馬上到了地獄。」

師父說，「雖然大海知道『我是水』，有時卻會因為各種因緣緣起而起痛苦的波浪，但水的本身從來沒變過。在生活裡有時候生氣發脾氣，也可能發生各種各樣的因緣緣起，然而起波浪只不過是起波浪、生氣只不過是生氣、難過也只是難過，你的本性一次也沒變過，請絕對不要忘記不動心！當你沒有忘記不動心，堅持走向成佛的路時，緣起會變成好的緣起。就像在海邊的水總是起波浪，但深海的水不會起波浪，所以當我們深深地保持不動心時，起波浪的緣起就會減少。但你沒準備時，就算修行很久了，也容易被動搖。所以請深深地堅持不動心而修行下去！還有，當你為了利益眾生而幫助他們，有時候可以選擇生氣。波浪並不是不好的存在，如果沒有波浪，大海一定會腐壞。因此波浪也是有益處的，在生活裡波浪會讓我們有活力。其實我有點擔心你太壓抑了發脾氣。若壓力變大，反而容易生病，所以有時還是可以生氣啊！

「不過如果統統都忘記了本性，而總是把自己誤認為是波浪的話，就會無法脫離痛苦。所以請不要忘記自己的不動心本性！為了利益對方，有時我們也需要這樣的生氣。如果每個人都不想生氣而保持沉默，這個社會就不會改善。在《普門品》裡，觀世音菩薩為了救渡眾生而大慈大悲顯現三十二應身。

「三十一個應身都是很慈悲、很寬容、很溫柔的樣子，但是最後一個應身卻不是那樣，他會砸碎你啊！是很憤怒而且很兇的樣子，這就是顯現執金剛身。以方便力救渡眾生時，我們一定要盡力給予最美好、慈悲、寬容的心；但對非常難降伏的人，大乘菩薩有可能用比較激烈的方式，因為若不用這樣的方便法，有些人就無法被救渡。不管外面所看到的模樣如何，只要心真實地保持利益眾生的心和慈悲心，就能真正地幫助對方。」

《楞嚴經》觀世音菩薩・耳根圓通章

爾時觀世音菩薩，即從座起，頂禮佛足，而白佛言：

世尊！憶念我昔，無數恆河沙劫，於時有佛，出現於世，名觀世音。

我於彼佛，發菩提心，彼佛教我，從聞思修，入三摩地。

初於聞中，入流亡所，所入既寂，動靜二相，了然不生。

如是漸增，聞所聞盡；盡聞不住，覺所覺空；空覺極圓，

空所空滅；生滅既滅，寂滅現前。

忽然超越，世出世間，十方圓明，獲二殊勝。

一者上合十方諸佛，本妙覺心，與佛如來，同一慈力。

二者下合十方一切六道眾生，與諸眾生，同一悲仰。

兩座冰山去台灣旅行

在台灣的某個夏天，一位對佛法有信心的年輕人來請教師父。對她來說，小時候經驗過「沒有我」的狀態後感到很害怕，所以在內心放棄探究這件事。幾年前父親往生後，母親一直擔心她，「你還沒有結婚，如果我也走了，你的身邊沒有人照顧你，怎麼辦？」她很在意媽媽的掛慮，但這種狀態卻讓她的身心被捆綁而不自在。師父真心希望她可以自由自在地活著，給了她如下的開示。

「如果把水倒進方形的容器，就會變成方形。水本來沒有固定的形狀，依容器的形狀而成方形或圓形。當我們看到深海的顏色，看起來像深藍色，但實際上水是透明的、沒有顏色。那麼，當我們在海邊看到波浪時，能夠認出沒有形狀、沒有顏色的水的本性嗎？雖然海水波濤洶湧而產生各式各樣的形狀，但水的本性從來沒變過，你能認出這件事嗎？」

她回答：「可以認出」，接下來師父再問她，「那麼，回到你的身上，當你看到你的身體，你能不能認出你自己空空的本性呢？」

她思考了一下後說：「很難認出自己的空性。」

師父聽了她的回答，繼續說明。

「同樣的道理，為什麼回到你身上，就無法認出呢？一夜的夢很短暫，很容易醒來；但我們在做的這一百年的夢，卻很難醒來。我們都誤以為身體的消滅就是死亡，所以很害怕面對死亡；可是即便冰塊融化成水，也不代表冰塊就消滅了，因為它一直都是水。了解嗎？

「我說個故事給你聽。在北極漂浮的兩座冰山開始漂向台灣旅行。一座冰山早就知道自己原本就是海水，因此旅行途中，就算天氣變得越來越溫暖，自己也因此開始融化變得愈小，但它一點也不擔心，反而非常期待和大海成為一體，越來越開心。但是，不知道自己是海水的另外一座冰山，看到自身變小的樣子，就很害怕擔心自己會不會消融不見。你的身體也是一種冰山，由於無知無明的緣起，大海變成一座冰山。就算你還沒體會到空性，如果你對佛陀所說的法有大信心，你不會擔心你的消滅，因為你的本性是大海，並不是冰山；沒有形象，空空無礙的形狀才是本來的樣子。

「到目前，你明白我所說的嗎？那麼我再問問妳，當你媽媽臨終時，你會不會哭呢？」

她聽到師父的話，突然眼淚掉下來說，「我一定會哭。」

師父跟她說，「以冰山存在著，或以大海存在著，哪一個是更自由自在地活著呢？當然是大海！堅硬的冰山要是撞到這邊或那邊，是一定會被破壞、受傷的。那麼，媽媽的冰山融掉而和大海成為一體的那一刻，你為什麼要哭呢？人們都不想要成為大海，反而願意再成為一座冰山，怎麼辦？所以你一定要跟你媽媽說，『雖然媽媽在這裡投胎，但世界上有數萬個存在，而你的模樣又會改變，下輩子我們恐怕很難互相認出。不過如果你去一個地方，我們一定能相見而不會再離開！那就是阿彌陀佛的極樂世界！你先去阿彌陀佛的世界等我一下吧！我們就不會再分離了！』然後，請你幫媽媽發願往生淨土，念『無量壽無量光南無阿彌陀佛』好嗎？還有！無論發生什麼事，千萬不要忘記你一直以來就是大海！不管在北極，或在台灣，無論你在任何地方，你就是大海！就算是融化而缺了一角的冰山也沒關係！就算全部融化掉也沒關係！因為本來冰和水就是不二的！色即是空，空即是色！冰山即是海水！海水即是冰山！」

我們一定能相見而不會再離開！

法性偈

法性圓融無二相
諸法不動本來寂
無名無相絕一切
證知所知非餘境
真性甚深極微妙
不守自性隨緣成
一中一切多中一

一即一切多即一
一微塵中含十方
一切塵中亦如是
無量遠劫即一念
一念即是無量劫
九世十世互相即
仍不雜亂隔別成
初發心時便正覺
生死涅槃常共和
理事冥然無分別
十佛普賢大人境
能仁海印三昧中
繁出如意不思議
雨寶益生滿虛空

眾生隨器得利益
是故行者還本際
叵息妄想必不得
無緣善巧捉如意
歸家隨分得資糧
以陀羅尼無盡寶
莊嚴法界實寶殿
窮坐實際中道床
舊來不動名為佛

後記

感恩大家

首先感謝認真協助潤稿的無事三姐妹、花蓮的慧芝、莎，還有米貞、家柔和曉妍。在炎熱的夏天，以信心解暑，幫了我們很大的忙。也感謝決定出書的橡樹林出版社編輯和大家。還有以一大事因緣，至今曾經見面或沒有見過面的每一個台灣人、香港人及新加坡人，感謝您們，在網路上聆聽師父的開示，或者在Facebook上留言，都給予我們很強烈的出書動機。我們誠摯地希望透過這本書，大家都得到永遠的幸福與自由。

臉書社團：來自無無禪師的訊息

https://www.facebook.com/groups/1731332373752040/

橡樹林文化 ❖❖ 衆生系列 ❖❖ 書目

JP0001	大寶法王傳奇	何謹◎著	200 元
JP0002X	當和尚遇到鑽石（增訂版）	麥可・羅區格西◎著	360 元
JP0003X	尋找上師	陳念萱◎著	200 元
JP0004	祈福 DIY	蔡春娉◎著	250 元
JP0006	遇見巴伽活佛	溫普林◎著	280 元
JP0009	當吉他手遇見禪	菲利浦・利夫・須藤◎著	220 元
JP0010	當牛仔褲遇見佛陀	蘇密・隆敦◎著	250 元
JP0011	心念的賽局	約瑟夫・帕蘭特◎著	250 元
JP0012	佛陀的女兒	艾美・史密特◎著	220 元
JP0013	師父笑呵呵	麻生佳花◎著	220 元
JP0014	菜鳥沙彌變高僧	盛宗永興◎著	220 元
JP0015	不要綁架自己	雪倫・薩爾茲堡◎著	240 元
JP0016	佛法帶著走	佛朗茲・梅蓋弗◎著	220 元
JP0018C	西藏心瑜伽	麥可・羅區格西◎著	250 元
JP0019	五智喇嘛彌伴傳奇	亞歷珊卓・大衛一尼爾◎著	280 元
JP0020	禪　兩刃相交	林谷芳◎著	260 元
JP0021	正念瑜伽	法蘭克・裘德・巴奇歐◎著	399 元
JP0022	原諒的禪修	傑克・康菲爾德◎著	250 元
JP0023	佛經語言初探	竺家寧◎著	280 元
JP0024	達賴喇嘛禪思 365	達賴喇嘛◎著	330 元
JP0025	佛教一本通	蓋瑞・賈許◎著	499 元
JP0026	星際大戰・佛部曲	馬修・波特林◎著	250 元
JP0027	全然接受這樣的我	塔拉・布萊克◎著	330 元
JP0028	寫給媽媽的佛法書	莎拉・娜塔莉◎著	300 元
JP0029	史上最大佛教護法一阿育王傳	德千汪莫◎著	230 元
JP0030	我想知道什麼是佛法	圖丹・卻淮◎著	280 元
JP0031	優雅的離去	蘇希拉・布萊克曼◎著	240 元
JP0032	另一種關係	滿亞法師◎著	250 元
JP0033	當禪師變成企業主	馬可・雷瑟◎著	320 元
JP0034	智慧 81	偉恩・戴爾博士◎著	380 元
JP0035	覺悟之眼看起落人生	金菩提禪師◎著	260 元
JP0036	貓咪塔羅算自己	陳念萱◎著	520 元
JP0037	聲音的治療力量	詹姆斯・唐傑婁◎著	280 元
JP0038	手術刀與靈魂	艾倫・翰彌頓◎著	320 元
JP0039	作為上師的妻子	黛安娜・J・木克坡◎著	450 元

JP0040	狐狸與白兔道晚安之處	庫特·約斯特勒◎著	280 元
JP0041	從心靈到細胞的療癒	喬思·慧麗·赫克◎著	260 元
JP0042	27% 的獲利奇蹟	蓋瑞·賀許伯格◎著	320 元
JP0043	你用對專注力了嗎？	萊斯·斐米博士◎著	280 元
JP0044	我心是金佛	大行大禪師◎著	280 元
JP0045	當和尚遇到鑽石 2	麥可·羅區格西◎等著	280 元
JP0046	雪域求法記	邢肅芝（洛桑珍珠）◎口述	420 元
JP0047	你的心是否也住著一隻黑狗？	馬修·約翰史東◎著	260 元
JP0048	西藏禪修書	克莉絲蒂·麥娜麗喇嘛◎著	300 元
JP0049	西藏心瑜伽 2	克莉絲蒂·麥娜麗喇嘛◎等著	300 元
JP0050	創作，是心靈療癒的旅程	茱莉亞·卡麥隆◎著	350 元
JP0051	擁抱黑狗	馬修·約翰史東◎著	280 元
JP0052	還在找藉口嗎？	偉恩·戴爾博士◎著	320 元
JP0053	愛情的吸引力法則	艾莉兒·福特◎著	280 元
JP0054	幸福的雪域宅男	原人◎著	350 元
JP0055	貓馬麻	阿義◎著	350 元
JP0056	看不見的人	中沢新一◎著	300 元
JP0057	內觀瑜伽	莎拉·鮑爾斯◎著	380 元
JP0058	29 個禮物	卡蜜·沃克◎著	300 元
JP0059	花仙療癒占卜卡	張元貞◎著	799 元
JP0060	與靈共存	詹姆斯·范普拉◎著	300 元
JP0061	我的巧克力人生	吳佩容◎著	300 元
JP0062	這樣玩，讓孩子更專注、更靈性	蘇珊·凱瑟·葛凌蘭◎著	350 元
JP0063	達賴喇嘛送給父母的幸福教養書	安娜·芭蓓蔻爾·史蒂文·李斯◎著	280 元
JP0064	我還沒準備說再見	布蕾克·諾爾&帕蜜拉·D·布萊爾◎著	380 元
JP0065	記憶人人 hold 得住	喬許·佛爾◎著	360 元
JP0066	菩曼仁波切	林建成◎著	320 元
JP0067	下面那裡怎麼了？	莉莎·瑞金◎著	400 元
JP0068	極密聖境·仰桑貝瑪貴	邱常梵◎著	450 元
JP0069	停心	釋心道◎著	380 元
JP0070	聞盡	釋心道◎著	380 元
JP0071	如果你對現況感到倦怠……	威廉·懷克羅◎著	300 元
JP0072	希望之翼： 倖存的奇蹟，以及雨林與我的故事	茱莉安·柯普科◎著	380 元
JP0073	我的人生療癒旅程	鄧嚴◎著	260 元
JP0074	因果，怎麼一回事？	釋見介◎著	240 元
JP0075	皮克斯動畫師之紙上動畫《羅摩衍那》	桑傑·帕特爾◎著	720 元
JP0076	寫，就對了！	茱莉亞·卡麥隆◎著	380 元

JP0077	願力的財富	釋心道◎著	380元
JP0078	當佛陀走進酒吧	羅卓・林茲勒◎著	350元
JP0079	人聲，奇蹟的治癒力	伊凡・德・布奧恩◎著	380元
JP0080	當和尚遇到鑽石3	麥可・羅區格西◎著	400元
JP0081	AKASH 阿喀許靜心 100	AKASH 阿喀許◎著	400元
JP0082	世上是不是有神仙：生命與疾病的真相	樊馨蔓◎著	300元
JP0083	生命不僅僅如此—辟穀記（上）	樊馨蔓◎著	320元
JP0084	生命可以如此—辟穀記（下）	樊馨蔓◎著	420元
JP0085	讓情緒自由	茱迪斯・歐洛芙◎著	420元
JP0086	別癌無恙	李九如◎著	360元
JP0087	甚麼樣的業力輪迴，造就現在的你	芭芭拉・馬丁&狄米崔・莫瑞提斯◎著	420元
JP0088	我也有聰明數學腦：15堂課激發被隱藏的競爭力	盧采嫻◎著	280元
JP0089	與動物朋友心傳心	羅西娜・瑪利亞・阿爾克蒂◎著	320元
JP0090	法國清新舒壓著色畫 50：繽紛花園	伊莎貝爾・熱志－梅納&紀絲蘭・史朵哈&克萊兒・摩荷爾－法帝歐◎著	350元
JP0091	法國清新舒壓著色畫 50：療癒曼陀羅	伊莎貝爾・熱志－梅納&紀絲蘭・史朵哈&克萊兒・摩荷爾－法帝歐◎著	350元
JP0092	風是我的母親	熊心、茉莉・拉肯◎著	350元
JP0093	法國清新舒壓著色畫 50：幸福懷舊	伊莎貝爾・熱志－梅納&紀絲蘭・史朵哈&克萊兒・摩荷爾－法帝歐◎著	350元
JP0094	走過倉央嘉措的傳奇：尋訪六世達賴喇嘛的童年和晚年，解開情詩活佛的生死之謎	邱常梵◎著	450元
JP0095	【當和尚遇到鑽石4】愛的業力法則：西藏的古老智慧，讓愛情心想事成	麥可・羅區格西◎著	450元
JP0096	媽媽的公主病：活在母親陰影中的女兒，如何走出自我？	凱莉爾・麥克布萊德博士◎著	380元
JP0097	法國清新舒壓著色畫 50：璀璨伊斯蘭	伊莎貝爾・熱志－梅納&紀絲蘭・史朵哈&克萊兒・摩荷爾－法帝歐◎著	350元
JP0098	最美好的都在此刻：53 個創意、幽默、找回微笑生活的正念練習	珍・邱禪・貝斯醫生◎著	350元
JP0099	愛，從呼吸開始吧！回到當下、讓心輕安的禪修之道	釋果峻◎著	300元
JP0100	能量曼陀羅：彩繪內在寧靜小宇宙	保羅・霍伊斯坦、狄蒂・羅恩◎著	380元
JP0101	爸媽何必太正經！幽默溝通，讓孩子正向、積極、有力量	南琦◎著	300元
JP0102	舍利子，是甚麼？	洪宏◎著	320元
JP0103	我隨上師轉山：蓮師聖地溯源朝聖	邱常梵◎著	460元
JP0104	光之手：人體能量場療癒全書	芭芭拉・安・布藍能◎著	899元

JP0105	在悲傷中還有光：失去珍愛的人事物，找回重新聯結的希望	尾角光美◎著	300 元
JP0106	法國清新舒壓著色畫 45：海底嘉年華	小姐們◎著	360 元
JP0108	用「自主學習」來翻轉教育！沒有課表、沒有分數的瑟谷學校	丹尼爾．格林伯格◎著	300 元
JP0109	Soppy 愛賴在一起	菲莉帕．賴斯◎著	300 元
JP0110	我嫁到不丹的幸福生活：一段愛與冒險的故事	琳達．黎明◎著	350 元
JP0111	TTouch® 神奇的毛小孩按摩術——狗狗篇	琳達．泰林頓瓊斯博士◎著	320 元
JP0112	戀瑜伽．愛素食：覺醒，從愛與不傷害開始	莎朗．嘉儂◎著	320 元
JP0113	TTouch® 神奇的毛小孩按摩術——貓貓篇	琳達．泰林頓瓊斯博士◎著	320 元
JP0114	給禪修者與久坐者的痠痛舒緩瑜伽	琴恩．厄爾邦◎著	380 元
JP0115	純植物．全食物：超過百道零壓力蔬食食譜，找回美好食物真滋味，心情、氣色閃亮亮	安潔拉．立頓◎著	680 元
JP0116	一碗粥的修行：從禪宗的飲食精神，體悟生命智慧的豐盛美好	吉村昇洋◎著	300 元
JP0117	綻放如花——巴哈花精靈性成長的教導	史岱方．波爾◎著	380 元
JP0118	貓星人的華麗狂想	馬喬．莎娜◎著	350 元
JP0119	直面生死的告白——一位曹洞宗禪師的出家緣由與說法	南直哉◎著	350 元
JP0120	OPEN MIND！房樹人繪畫心理學	一沙◎著	300 元
JP0121	不安的智慧	艾倫．W．沃茨◎著	280 元
JP0122	寫給媽媽的佛法書：不煩不憂照顧好自己與孩子	莎拉．娜塔莉◎著	320 元
JP0123	當和尚遇到鑽石 5：修行者的祕密花園	麥可．羅區格西◎著	320 元
JP0124	貓熊好療癒：這些年我們一起追的圓仔~~頭號「圓粉」私密日記大公開！	周咪咪◎著	340 元
JP0125	用血清素與眼淚消解壓力	有田秀穗◎著	300 元
JP0126	當勵志不再有效	金木水◎著	320 元
JP0127	特殊兒童瑜伽	索妮亞．蘇瑪◎著	380 元
JP0128	108 大拜式	JOYCE（翁憶珍）◎著	380 元
JP0129	修道士與商人的傳奇故事：經商中的每件事都是神聖之事	特里．費爾伯◎著	320 元
JP0130	靈氣實用手位法——西式靈氣系統創始者林忠次郎的療癒技術	林忠次郎、山口忠夫、法蘭克．阿加伐．彼得◎著	450 元
JP0131	你所不知道的養生迷思——治其病要先明其因，破解那些你還在信以為真的健康偏見！	曾培傑、陳創濤◎著	450 元
JP0132	貓僧人：有什麼好煩惱的喵～	御誕生寺（ごたんじょうじ）◎著	320 元
JP0133	昆達里尼瑜伽——永恆的力量之流	莎克蒂．帕瓦．考爾．卡爾薩◎著	599 元

JP0134	尋找第二佛陀・良美大師——探訪西藏象雄文化之旅	寧艷娟◎著	450 元
JP0135	聲音的治療力量：修復身心健康的咒語、唱誦與種子音	詹姆斯・唐傑婁◎著	300 元
JP0136	一大事因緣：韓國頂峰無無禪師的不二慈悲與智慧開示（特別收錄禪師台灣行腳對談）	頂峰無無禪師、天真法師、玄玄法師◎著	380 元
JP0137	運勢決定人生——執業 50 年、見識上萬客戶資深律師告訴你翻轉命運的智慧心法	西中　務◎著	350 元
JP0138	心靈花園：祝福、療癒、能量——七十二幅滋養靈性的神聖藝術	費絲・諾頓◎著	450 元
JP0139	我還記得前世	凱西・伯德◎著	360 元
JP0140	我走過一趟地獄	山姆・博秋茲◎著 貝瑪・南卓・泰耶◎繪	699 元
JP0141	寇斯的修行故事	莉迪・布格◎著	300 元
JP0142	全然接受這樣的我：18 個放下憂慮的禪修練習	塔拉・布萊克◎著	360 元
JP0143	如果用心去愛，必然經歷悲傷	喬安・凱恰托蕊◎著	380 元
JP0144	媽媽的公主病：活在母親陰影中的女兒，如何走出自我？	凱莉爾・麥克布萊德博士◎著	380 元
JP0145	創作，是心靈療癒的旅程	茱莉亞・卡麥隆◎著	380 元
JP0146	一行禪師　與孩子一起做的正念練習：灌溉生命的智慧種子	一行禪師◎著	450 元
JP0147	達賴喇嘛的御醫，告訴你治病在心的藏醫學智慧	益西・東登◎著	380 元
JP0148	39 本戶口名簿：從「命運」到「運命」・用生命彩筆畫出不凡人生	謝秀英◎著	320 元
JP0149	禪心禪意	釋果峻◎著	300 元
JP0150	當孩子長大卻不「成人」……接受孩子不如期望的事實、放下身為父母的自責與內疚，重拾自己的中老後人生！	珍・亞當斯博士◎著	380 元
JP0151	不只小確幸，還要小確「善」！每天做一點點好事，溫暖別人，更為自己帶來 365 天全年無休的好運！	奧莉・瓦巴◎著	460 元
JP0154	祖先療癒：連結先人的愛與智慧，解決個人、家庭的生命困境，活出無數世代的美好富足！	丹尼爾・佛爾◎著	550 元
JP0155	母愛的傷也有痊癒力量：說出台灣女兒們的心裡話，讓母女關係可以有解！	南琦◎著	350 元
JP0156	24 節氣　供花禮佛	齊云◎著	550 元

JP0157	用瑜伽療癒創傷：以身體的動靜，拯救無聲哭泣的心	大衛・艾默森、伊麗莎白・賀伯◎著	380 元
JP0158	命案現場清潔師：跨越生與死的斷捨離・清掃死亡最前線的真實記錄	盧拉拉◎著	330 元
JP0159	我很瞎，我是小米酒：台灣第一隻全盲狗醫生的勵志犬生	杜韻如◎著	350 元
JP0160	日本神諭占卜卡：來自衆神、精靈、生命與大地的訊息	大野百合子◎著	799 元
JP0161	宇宙靈訊之神展開	王育惠、張景雯◎著繪	380 元

橡樹林文化 ❖ 成就者傳紀系列 ❖ 書目

JS0001	惹瓊巴傳	堪千創古仁波切◎著	260 元
JS0002	曼達拉娃佛母傳	喇嘛卻南、桑傑・康卓◎英譯	350 元
JS0003	伊喜・措嘉佛母傳	嘉華・蔣秋、南開・寧波◎伏藏書錄	400 元
JS0004	無畏金剛智光：怙主敦珠仁波切的生平與傳奇	堪布才旺・董嘉仁波切◎著	400 元
JS0005	珍稀寶庫——薩迦總巴創派宗師貢嘎南嘉傳	嘉敦・強秋旺嘉◎著	350 元
JS0006	帝洛巴傳	堪千創古仁波切◎著	260 元
JS0007	南懷瑾的最後 100 天	王國平◎著	380 元
JS0008	偉大的不丹傳奇・五大伏藏王之一貝瑪林巴之生平與伏藏教法	貝瑪林巴◎取藏	450 元
JS0009	噶舉三祖師：馬爾巴傳	堪千創古仁波切◎著	300 元
JS0010	噶舉三祖師：密勒日巴傳	堪千創古仁波切◎著	280 元
JS0011	噶舉三祖師：岡波巴傳	堪千創古仁波切◎著	280 元
JS0012	法界遍智全知法王——龍欽巴傳	蔣巴・麥堪哲・史都爾◎著	380 元
JS0013	藏傳佛法最受歡迎的聖者——瘋聖竹巴袞列傳奇生平與道歌	格西札浦根敦仁欽◎藏文彙編	380 元
JS0014	大成就者傳奇：54 位密續大師的悟道故事	凱斯・道曼◎英譯	500 元

眾生系列 JP0163

入流亡所

聽一聽・悟、修、證《楞嚴經》

作　　者／頂峰無無禪師
譯　　者／天真法師、玄玄法師
責任編輯／陳芊卉
業　　務／顏宏紋

總 編 輯／張嘉芳
出　　版／橡樹林文化
城邦文化事業股份有限公司
104 台北市民生東路二段 141 號 5 樓
電話：(02)2500-7696　傳真：(02)2500-1951
發　　行／英屬蓋曼群島商家庭傳媒股份有限公司城邦分公司
104 台北市中山區民生東路二段 141 號 5 樓
客服服務專線：(02)25007718；25001991
24 小時傳真專線：(02)25001990；25001991
服務時間：週一至週五上午 09:30 ～ 12:00；下午 13:30 ～ 17:00
劃撥帳號：19863813　戶名：書虫股份有限公司
讀者服務信箱：service@readingclub.com.tw
香港發行所／城邦（香港）出版集團有限公司
香港灣仔駱克道 193 號東超商業中心 1 樓
電話：(852)25086231 傳真：(852)25789337
Email: hkcite@biznetvigator.com
馬新發行所／城邦（馬新）出版集團【Cité (M) Sdn.Bhd. (458372 U)】
41, Jalan Radin Anum, Bandar Baru Sri Petaling,
57000 Kuala Lumpur, Malaysia.
電話：(603) 90563833　傳真：(603) 90576622
Email：services@cite.my

照片提供／天真法師（封面、內頁）、無事三姐妹（P37、P97）
內頁排版／歐陽碧智
封面設計／兩棵酸梅
印　　刷／韋懋實業有限公司
初版一刷／2019 年 10 月
初版三刷／2023 年 7 月
I S B N ／978-986-9799-84-3
定　　價／350 元

國家圖書館出版品預行編目 (CIP) 資料

入流亡所：聽一聽 ・ 悟、修、證《楞嚴經》 / 頂峰無無禪師著；天真法師、玄玄法師譯 . -- 初版 . -- 臺北市：橡樹林文化，城邦文化出版：家庭傳媒城邦分公司發行，2019.10

面；　公分 . --（眾生系列：JP0163）

ISBN 978-986-97998-4-3（平裝）

1. 佛教修持 2. 佛教說法

225.87　　108015829

廣　告　回　函
北區郵政管理局登記證
北 台 字 第 10158 號

郵資已付　免貼郵票

104 台北市中山區民生東路二段 141 號 5 樓

城邦文化事業股份有限公司

橡樹林出版事業部　收

請沿虛線剪下對折裝訂寄回，謝謝！

|橡|樹|林|

書名：入流亡所　書號：JP0163

橡樹林文化

讀者回函卡

感謝您對橡樹林出版社之支持，請將您的建議提供給我們參考與改進；請別忘了給我們一些鼓勵，我們會更加努力，出版好書與您結緣。

姓名：__________ □女 □男 生日：西元______年

Email：__________

●您從何處知道此書？

□書店 □書訊 □書評 □報紙 □廣播 □網路 □廣告 DM □親友介紹

□橡樹林電子報 □其他______

●您以何種方式購買本書？

□誠品書店 □誠品網路書店 □金石堂書店 □金石堂網路書店

□博客來網路書店 □其他______

●您希望我們未來出版哪一種主題的書？（可複選）

□佛法生活應用 □教理 □實修法門介紹 □大師開示 □大師傳紀

□佛教圖解百科 □其他______

●您對本書的建議：

____

____

____

____

____

非常感謝您提供基本資料，基於行銷及客戶管理或其他合於營業登記項目或章程所定業務需要之目的，家庭傳媒集團（即英屬蓋曼群商家庭傳媒股分有限公司城邦分公司、城邦文化事業股分有限公司、書虫股分有限公司、墨刻出版股分有限公司、城邦原創股分有限公司）於本集團之營運期間及地區內，將不定期以MAIL訊息發送方式，利用您的個人資料於提供讀者產品相關之消費與活動訊息，如您有依照個資法第三條或其他需服務之務，得致電本公司客服。

我已經完全瞭解左述內容，並同意本人資料依上述範圍內使用。

__________（簽名）